— 01 —

宪法

全国职工“七五”普法
简明读本

本书编写组◎编

中国工人出版社

图书在版编目（CIP）数据

宪法 /《宪法》编写组编. —北京：中国工人出版社，2018.8
（全国职工“七五”普法简明读本）
ISBN 978-7-5008-7054-8

Ⅰ.①宪… Ⅱ.①宪… Ⅲ.①宪法—基本知识—中国 Ⅳ.①D921.04

中国版本图书馆CIP数据核字（2018）第200914号

宪法

出 版 人	王娇萍
责任编辑	吕 静 罗荣波
责任校对	孙迺伟
责任印制	栾征宇
出版发行	中国工人出版社
地 址	北京市东城区鼓楼外大街45号 邮编：100120
网 址	http://www.wp-china.com
电 话	（010）62005043（总编室）
	（010）62005039（出版物流部）
	（010）82075935（工会与劳动关系分社）
发行热线	（010）62004002
	（010）82081553（传真）
经 销	各地书店
印 刷	北京美图印务有限公司
开 本	850毫米×1168毫米 1/32
印 张	2.875
字 数	60千字
版 次	2018年10月第1版 2018年10月第1次印刷
定 价	18.00元

编者的话

党的十八大以来，以习近平同志为核心的党中央对全面依法治国作出了重要部署，对法治宣传教育提出了新的更高要求，明确了法治宣传教育的基本定位、重大任务和重要措施，为深入开展法治宣传教育指明了方向。

2016年是“十三五”规划的开局之年，也是国家“七五”普法规划实施的启动年。为了进一步推动国家“七五”普法工作，结合全国工会系统开展“七五”普法宣传，针对广大职工群众的需求，我社策划出版了《全国职工“七五”普法简明读本》丛书（共26册）。本丛书共分为两大系列：一是介绍了与职工基本权益相关的综合性法律知识；二是解读了与职工劳动权益相关的劳动法律知识。在内容构成上，以法律文本为主线，设置了“职工权益导读”板块，通俗地解答了与职工权益相关的问题，并附录了相关法律文书，方便职工参考使用。

希望这套丛书的出版，能够帮助广大职工了解、掌握一些必备的法律常识，增强法治观念，提高法律素养，同时对工会发挥组织职工、引导职工、服务职工、维护职工合法权益方面起到积极的作用。

目 录 Contents

中华人民共和国宪法

（1982 年 12 月 4 日第五届全国人民代表大会第五次会议通过　1982 年 12 月 4 日全国人民代表大会公告公布施行 根据 1988 年 4 月 12 日第七届全国人民代表大会第一次会议通过的《中华人民共和国宪法修正案》、1993 年 3 月 29 日第八届全国人民代表大会第一次会议通过的《中华人民共和国宪法修正案》、1999 年 3 月 15 日第九届全国人民代表大会第二次会议通过的《中华人民共和国宪法修正案》、2004 年 3 月 14 日第十届全国人民代表大会第二次会议通过的《中华人民共和国宪法修正案》和 2018 年 3 月 11 日第十三届全国人民代表大会第一次会议通过的《中华人民共和国宪法修正案》修正）

序　言

中国是世界上历史最悠久的国家之一。中国各族人民共同创造了光辉灿烂的文化，具有光荣的革命传统。

一八四〇年以后，封建的中国逐渐变成半殖民地、半封建的国家。中国人民为国家独立、民族解放和民主自由进行了前仆后继的英勇奋斗。

二十世纪，中国发生了翻天覆地的伟大历史变革。

一九一一年孙中山先生领导的辛亥革命，废除了封建帝制，创立了中华民国。但是，中国人民反对帝国主义和封建主义的历史任务还没有完成。

一九四九年，以毛泽东主席为领袖的中国共产党领导中国各族人民，在经历了长期的艰难曲折的武装斗争和其他形式的斗争以后，终于推翻了帝国主义、封建主义和官僚资本主义的统治，取得了新民主主义革命的伟大胜利，建立了中华人民共和国。从此，中国人民掌握了国家的权力，成为国家的主人。

中华人民共和国成立以后，我国社会逐步实现了由新民主主义到社会主义的过渡。生产资料私有制的社会主义改造已经完成，人剥削人的制度已经消灭，社会主义制度已经确立。工人阶级领导的、以工农联盟为基础的人民民主专政，实质上即无产阶级专政，得到巩固和发展。中国人民和中国人民解放军战胜了帝国主义、霸权主义的侵略、破坏和武装挑衅，维护了国家的独立和安全，增强了国防。经济建设取得了重大的成就，独立的、比较完整的社会主义工业体系已经基本形成，农业生产显著提高。教育、科学、文化等事业有了很大的发展，社会主义思想教育取得了明显的成效。广大人民的生活有了较大的改善。

中国新民主主义革命的胜利和社会主义事业的成就，是中国共产党领导中国各族人民，在马克思列宁主义、毛泽东思想的指引下，坚持真理，修正错误，战胜许多艰难险阻而取得的。我国将长期处于社会主义初级阶段。国家的根本任务是，沿着中国特色社会主义道路，集中力量进行社会主义现代化建设。中国各族人民将继续在中国共产党领导下，在马克思列宁主义、毛泽东思想、邓小平理论、“三个代表”重要思想、科学发展观、习近平新时代中国特色社会主义思想指引下，坚持人民民主专政，坚持社会主义道路，坚持改革开放，不断完善社会主义的各项制度，发展社会主义市场经济，发展社会主义民主，健全社会主义法治，贯彻新发展理念，自力更生，艰苦奋斗，逐步实现工业、农业、国防和科学技术的现代化，推动物质文明、政治文明、精神文明、社会文明、生态文明协调发展，把我国建设成为富强民主文明和谐美丽的社会主义现代化强国，实现中华民族伟大复兴。

在我国，剥削阶级作为阶级已经消灭，但是阶级斗争还将在一定范围内长期存在。中国人民对敌视和破坏我国社会主义制度的国内外的敌对势力和敌对分子，必须进行斗争。

台湾是中华人民共和国的神圣领土的一部分。完成统一祖国的大业是包括台湾同胞在内的全中国人民的神圣职责。

社会主义的建设事业必须依靠工人、农民和知识分子，团结一切可以团结的力量。在长期的革命、建设、改革过程中，已经结成由中国共产党领导的，有各民主党派和各人民团体参加的，包括全体社会主义劳动者、社会主义事业的建设者、拥护社会主义的爱国者、拥护祖国统一和致力于中华民族伟大复兴的爱国者的广泛的爱国统一战线，这个统一战线将继续巩固和发展。中国人民政治协商会议是有广泛代表性的统一战线组织，过去发挥了重要的历史作用，今后在国家政治生活、社会生活和对外友好活动中，在进行社会主义现代化建设、维护国家的统一和团结的斗争中，将进一步发挥它的重要作用。中国共产党领导的多党合作和政治协商制度将长期存在和发展。

中华人民共和国是全国各族人民共同缔造的统一的多民族国家。平等团结互助和谐的社会主义民族关系已经确立，并将继续加强。在维护民族团结的斗争中，要反对大民族主义，主要是大汉族主义，也要反对地方民族主义。国家尽一切努力，促进全国各民族的共同繁荣。

中国革命、建设、改革的成就是同世界人民的支持分不开的。中国的前途是同世界的前途紧密地联系在一起的。中国坚持独立自主的对外政策，坚持互相尊重主权和领土完整、互不侵犯、互不干涉内政、平等互利、和平共处的五项原则，坚持和平发展道路，坚持互利共赢开放战略，发展同各国的外交关系和经济、文化交流，推动构建人类命运共同体；坚持反对帝国主义、霸权主义、殖民主义，加强同世界各国人民的团结，支持被压迫民族和发展中国家争取和维护民族独立、发展民族经济的正义斗争，为维护世界和平和促进人类进步事业而努力。

本宪法以法律的形式确认了中国各族人民奋斗的成果，规定了国家的根本制度和根本任务，是国家的根本法，具有最高的法律效力。全国各族人民、一切国家机关和武装力量、各政党和各社会团体、各企业事业组织，都必须以宪法为根本的活动准则，并且负有维护宪法尊严、保证宪法实施的职责。

第一章　总　纲

第一条　中华人民共和国是工人阶级领导的、以工农联盟为基础的人民民主专政的社会主义国家。

社会主义制度是中华人民共和国的根本制度。中国共产党领导是中国特色社会主义最本质的特征。禁止任何组织或者个人破坏社会主义制度。

第二条　中华人民共和国的一切权力属于人民。

人民行使国家权力的机关是全国人民代表大会和地方各级人民代表大会。

人民依照法律规定，通过各种途径和形式，管理国家事务，管理经济和文化事业，管理社会事务。

第三条　中华人民共和国的国家机构实行民主集中制的原则。

全国人民代表大会和地方各级人民代表大会都由民主选举产生，对人民负责，受人民监督。

国家行政机关、监察机关、审判机关、检察机关都由人民代表大会产生，对它负责，受它监督。

中央和地方的国家机构职权的划分，遵循在中央的统一领导下，充分发挥地方的主动性、积极性的原则。

第四条　中华人民共和国各民族一律平等。国家保障各少数民族的合法的权利和利益，维护和发展各民族的平等团结互助和谐关系。禁止对任何民族的歧视和压迫，禁止破坏民族团结和制造民族分裂的行为。

国家根据各少数民族的特点和需要，帮助各少数民族地区加速经济和文化的发展。

各少数民族聚居的地方实行区域自治，设立自治机关，行使自治权。各民族自治地方都是中华人民共和国不可分离的部分。

各民族都有使用和发展自己的语言文字的自由，都有保持或者改革自己的风俗习惯的自由。

第五条 中华人民共和国实行依法治国，建设社会主义法治国家。

国家维护社会主义法制的统一和尊严。

一切法律、行政法规和地方性法规都不得同宪法相抵触。

一切国家机关和武装力量、各政党和各社会团体、各企业事业组织都必须遵守宪法和法律。一切违反宪法和法律的行为，必须予以追究。

任何组织或者个人都不得有超越宪法和法律的特权。

第六条 中华人民共和国的社会主义经济制度的基础是生产资料的社会主义公有制，即全民所有制和劳动群众集体所有制。社会主义公有制消灭人剥削人的制度，实行各尽所能、按劳分配的原则。

国家在社会主义初级阶段，坚持公有制为主体、多种所有制经济共同发展的基本经济制度，坚持按劳分配为主体、多种分配方式并存的分配制度。

第七条 国有经济，即社会主义全民所有制经济，是国民经济中的主导力量。国家保障国有经济的巩固和发展。

第八条 农村集体经济组织实行家庭承包经营为基础、统分结合的双层经营体制。农村中的生产、供销、信用、消费等各种形式的合作经济，是社会主义劳动群众集体所有制经济。参加农村集体经济组织的劳动者，有权在法律规定的范围内经营自留地、自留山、家庭副业和饲养自留畜。

城镇中的手工业、工业、建筑业、运输业、商业、服务业等行业的各种形式的合作经济，都是社会主义劳动群众集体所有制经济。

国家保护城乡集体经济组织的合法的权利和利益，鼓励、指导和帮助集体经济的发展。

第九条 矿藏、水流、森林、山岭、草原、荒地、滩涂等自然资源，都属于国家所有，即全民所有；由法律规定属于集体所有的森林和山岭、草原、荒地、滩涂除外。

国家保障自然资源的合理利用，保护珍贵的动物和植物。禁止任何组织或者个人用任何手段侵占或者破坏自然资源。

第十条 城市的土地属于国家所有。

农村和城市郊区的土地，除由法律规定属于国家所有的以外，属于集体所有；宅基地和自留地、自留山，也属于集体所有。

国家为了公共利益的需要，可以依照法律规定对土地实行征收或者征用并给予补偿。

任何组织或者个人不得侵占、买卖或者以其他形式非法转让土地。土地的使用权可以依照法律的规定转让。

一切使用土地的组织和个人必须合理地利用土地。

第十一条 在法律规定范围内的个体经济、私营经济等非公有制经济，是社会主义市场经济的重要组成部分。

国家保护个体经济、私营经济等非公有制经济的合法的权利和利益。国家鼓励、支持和引导非公有制经济的发展，并对非公有制经济依法实行监督和管理。

第十二条 社会主义的公共财产神圣不可侵犯。

国家保护社会主义的公共财产。禁止任何组织或者个人用任何手段侵占或者破坏国家的和集体的财产。

第十三条 公民的合法的私有财产不受侵犯。

国家依照法律规定保护公民的私有财产权和继承权。

国家为了公共利益的需要，可以依照法律规定对公民的私有财产实行征收或者征用并给予补偿。

第十四条 国家通过提高劳动者的积极性和技术水平，推广先进的科学技术，完善经济管理体制和企业经营管理制度，实行各种形式的社会主义责任制，改进劳动组织，以不断提高劳动生产率和经济效益，发展社会生产力。

国家厉行节约，反对浪费。

国家合理安排积累和消费，兼顾国家、集体和个人的利益，在发展生产的基础上，逐步改善人民的物质生活和文化生活。

国家建立健全同经济发展水平相适应的社会保障制度。

第十五条 国家实行社会主义市场经济。

国家加强经济立法，完善宏观调控。

国家依法禁止任何组织或者个人扰乱社会经济秩序。

第十六条 国有企业在法律规定的范围内有权自主经营。

国有企业依照法律规定，通过职工代表大会和其他形式，实行民主管理。

第十七条 集体经济组织在遵守有关法律的前提下，有独立进行经济活动的自主权。

集体经济组织实行民主管理，依照法律规定选举和罢免管理人员，决定经营管理的重大问题。

第十八条 中华人民共和国允许外国的企业和其他经济组织或者个人依照中华人民共和国法律的规定在中国投资，同中国的企业或者其他经济组织进行各种形式的经济合作。

在中国境内的外国企业和其他外国经济组织以及中外合资经营的企业，都必须遵守中华人民共和国的法律。它们的合法的权利和利益受中华人民共和国法律的保护。

第十九条 国家发展社会主义的教育事业，提高全国人民的科学文化水平。

国家举办各种学校，普及初等义务教育，发展中等教育、职业教育和高等教育，并且发展学前教育。

国家发展各种教育设施，扫除文盲，对工人、农民、国家工作人员和其他劳动者进行政治、文化、科学、技术、业务的教育，鼓励自学成才。

国家鼓励集体经济组织、国家企业事业组织和其他社会力量依照法律规定举办各种教育事业。

国家推广全国通用的普通话。

第二十条 国家发展自然科学和社会科学事业，普及科学和技术知识，奖励科学研究成果和技术发明创造。

第二十一条 国家发展医疗卫生事业，发展现代医药和我国传统医药，鼓励和支持农村集体经济组织、国家企业事业组织和街道组织举办各种医疗卫生设施，开展群众性的卫生活动，保护人民健康。

国家发展体育事业，开展群众性的体育活动，增强人民体质。

第二十二条 国家发展为人民服务、为社会主义服务的文学艺术事业、新闻广播电视事业、出版发行事业、图书馆博物馆文化馆和其他文化事业，开展群众性的文化活动。

国家保护名胜古迹、珍贵文物和其他重要历史文化遗产。

第二十三条 国家培养为社会主义服务的各种专业人才，扩大知识分子的队伍，创造条件，充分发挥他们在社会主义现代化建设中的作用。

第二十四条 国家通过普及理想教育、道德教育、文化教育、纪律和法制教育，通过在城乡不同范围的群众中制定和执行各种守则、公约，加强社会主义精神文明的建设。

国家倡导社会主义核心价值观，提倡爱祖国、爱人民、爱劳动、爱科学、爱社会主义的公德，在人民中进行爱国主义、集体主义和国际主义、共产主义的教育，进行辩证唯物主义和历史唯物主义的教育，反对资本主义的、封建主义的和其他的腐朽思想。

第二十五条 国家推行计划生育，使人口的增长同经济和社会发展计划相适应。

第二十六条 国家保护和改善生活环境和生态环境，防治污染和其他公害。

国家组织和鼓励植树造林，保护林木。

第二十七条 一切国家机关实行精简的原则，实行工作责任制，实行工作人员的培训和考核制度，不断提高工作质量和工作效率，反对官僚主义。

一切国家机关和国家工作人员必须依靠人民的支持，经常保持同人民的密切联系，倾听人民的意见和建议，接受人民的监督，努力为人民服务。

国家工作人员就职时应当依照法律规定公开进行宪法宣誓。

第二十八条 国家维护社会秩序，镇压叛国和其他危害国家安全的犯罪活动，制裁危害社会治安、破坏社会主义经济和其他犯罪的活动，惩办和改造犯罪分子。

第二十九条 中华人民共和国的武装力量属于人民。它的任务是巩固国防，抵抗侵略，保卫祖国，保卫人民的和平劳动，参加国家建设事业，努力为人民服务。

国家加强武装力量的革命化、现代化、正规化的建设，增强国防力量。

第三十条 中华人民共和国的行政区域划分如下：

（一）全国分为省、自治区、直辖市；

（二）省、自治区分为自治州、县、自治县、市；

（三）县、自治县分为乡、民族乡、镇。

直辖市和较大的市分为区、县。自治州分为县、自治县、市。

自治区、自治州、自治县都是民族自治地方。

第三十一条 国家在必要时得设立特别行政区。在特别行政区内实行的制度按照具体情况由全国人民代表大会以法律规定。

第三十二条 中华人民共和国保护在中国境内的外国人的合法权利和利益，在中国境内的外国人必须遵守中华人民共和国的法律。

中华人民共和国对于因为政治原因要求避难的外国人，可以给予受庇护的权利。

第二章 公民的基本权利和义务

第三十三条 凡具有中华人民共和国国籍的人都是中华人民共和国公民。

中华人民共和国公民在法律面前一律平等。

国家尊重和保障人权。

任何公民享有宪法和法律规定的权利，同时必须履行宪法和法律规定的义务。

第三十四条 中华人民共和国年满十八周岁的公民，不分民族、种族、性别、职业、家庭出身、宗教信仰、教育程度、财产状况、居住期限，都有选举权和被选举权；但是依照法律被剥夺政治权利的人除外。

第三十五条　中华人民共和国公民有言论、出版、集会、结社、游行、示威的自由。

第三十六条　中华人民共和国公民有宗教信仰自由。

任何国家机关、社会团体和个人不得强制公民信仰宗教或者不信仰宗教，不得歧视信仰宗教的公民和不信仰宗教的公民。

国家保护正常的宗教活动。任何人不得利用宗教进行破坏社会秩序、损害公民身体健康、妨碍国家教育制度的活动。

宗教团体和宗教事务不受外国势力的支配。

第三十七条　中华人民共和国公民的人身自由不受侵犯。

任何公民，非经人民检察院批准或者决定或者人民法院决定，并由公安机关执行，不受逮捕。

禁止非法拘禁和以其他方法非法剥夺或者限制公民的人身自由，禁止非法搜查公民的身体。

第三十八条　中华人民共和国公民的人格尊严不受侵犯。禁止用任何方法对公民进行侮辱、诽谤和诬告陷害。

第三十九条　中华人民共和国公民的住宅不受侵犯。禁止非法搜查或者非法侵入公民的住宅。

第四十条　中华人民共和国公民的通信自由和通信秘密受法律的保护。除因国家安全或者追查刑事犯罪的需要，由公安机关或者检察机关依照法律规定的程序对通信进行检查外，任何组织或者个人不得以任何理由侵犯公民的通信自由和通信秘密。

第四十一条　中华人民共和国公民对于任何国家机关和

国家工作人员，有提出批评和建议的权利；对于任何国家机关和国家工作人员的违法失职行为，有向有关国家机关提出申诉、控告或者检举的权利，但是不得捏造或者歪曲事实进行诬告陷害。

对于公民的申诉、控告或者检举，有关国家机关必须查清事实，负责处理。任何人不得压制和打击报复。

由于国家机关和国家工作人员侵犯公民权利而受到损失的人，有依照法律规定取得赔偿的权利。

第四十二条 中华人民共和国公民有劳动的权利和义务。

国家通过各种途径，创造劳动就业条件，加强劳动保护，改善劳动条件，并在发展生产的基础上，提高劳动报酬和福利待遇。

劳动是一切有劳动能力的公民的光荣职责。国有企业和城乡集体经济组织的劳动者都应当以国家主人翁的态度对待自己的劳动。国家提倡社会主义劳动竞赛，奖励劳动模范和先进工作者。国家提倡公民从事义务劳动。

国家对就业前的公民进行必要的劳动就业训练。

第四十三条 中华人民共和国劳动者有休息的权利。

国家发展劳动者休息和休养的设施，规定职工的工作时间和休假制度。

第四十四条 国家依照法律规定实行企业事业组织的职工和国家机关工作人员的退休制度。退休人员的生活受到国家和社会的保障。

第四十五条 中华人民共和国公民在年老、疾病或者丧失劳动能力的情况下，有从国家和社会获得物质帮助的权利。国家发展为公民享受这些权利所需要的社会保险、社会救济和医疗卫生事业。

国家和社会保障残废军人的生活，抚恤烈士家属，优待军人家属。

国家和社会帮助安排盲、聋、哑和其他有残疾的公民的劳动、生活和教育。

第四十六条 中华人民共和国公民有受教育的权利和义务。

国家培养青年、少年、儿童在品德、智力、体质等方面全面发展。

第四十七条 中华人民共和国公民有进行科学研究、文学艺术创作和其他文化活动的自由。国家对于从事教育、科学、技术、文学、艺术和其他文化事业的公民的有益于人民的创造性工作，给以鼓励和帮助。

第四十八条 中华人民共和国妇女在政治的、经济的、文化的、社会的和家庭的生活等各方面享有同男子平等的权利。

国家保护妇女的权利和利益，实行男女同工同酬，培养和选拔妇女干部。

第四十九条 婚姻、家庭、母亲和儿童受国家的保护。

夫妻双方有实行计划生育的义务。

父母有抚养教育未成年子女的义务，成年子女有赡养扶助父母的义务。

禁止破坏婚姻自由，禁止虐待老人、妇女和儿童。

第五十条 中华人民共和国保护华侨的正当的权利和利益，保护归侨和侨眷的合法的权利和利益。

第五十一条 中华人民共和国公民在行使自由和权利的时候，不得损害国家的、社会的、集体的利益和其他公民的合法的自由和权利。

第五十二条 中华人民共和国公民有维护国家统一和全国各民族团结的义务。

第五十三条 中华人民共和国公民必须遵守宪法和法律，保守国家秘密，爱护公共财产，遵守劳动纪律，遵守公共秩序，尊重社会公德。

第五十四条 中华人民共和国公民有维护祖国的安全、荣誉和利益的义务，不得有危害祖国的安全、荣誉和利益的行为。

第五十五条 保卫祖国、抵抗侵略是中华人民共和国每一个公民的神圣职责。

依照法律服兵役和参加民兵组织是中华人民共和国公民的光荣义务。

第五十六条 中华人民共和国公民有依照法律纳税的义务。

第三章 国家机构

第一节 全国人民代表大会

第五十七条 中华人民共和国全国人民代表大会是最高

国家权力机关。它的常设机关是全国人民代表大会常务委员会。

第五十八条 全国人民代表大会和全国人民代表大会常务委员会行使国家立法权。

第五十九条 全国人民代表大会由省、自治区、直辖市、特别行政区和军队选出的代表组成。各少数民族都应当有适当名额的代表。

全国人民代表大会代表的选举由全国人民代表大会常务委员会主持。

全国人民代表大会代表名额和代表产生办法由法律规定。

第六十条 全国人民代表大会每届任期五年。

全国人民代表大会任期届满的两个月以前，全国人民代表大会常务委员会必须完成下届全国人民代表大会代表的选举。如果遇到不能进行选举的非常情况，由全国人民代表大会常务委员会以全体组成人员的三分之二以上的多数通过，可以推迟选举，延长本届全国人民代表大会的任期。在非常情况结束后一年内，必须完成下届全国人民代表大会代表的选举。

第六十一条 全国人民代表大会会议每年举行一次，由全国人民代表大会常务委员会召集。如果全国人民代表大会常务委员会认为必要，或者有五分之一以上的全国人民代表大会代表提议，可以临时召集全国人民代表大会会议。

全国人民代表大会举行会议的时候，选举主席团主持会议。

第六十二条 全国人民代表大会行使下列职权：

（一）修改宪法；

（二）监督宪法的实施；

（三）制定和修改刑事、民事、国家机构的和其他的基本法律；

（四）选举中华人民共和国主席、副主席；

（五）根据中华人民共和国主席的提名，决定国务院总理的人选；根据国务院总理的提名，决定国务院副总理、国务委员、各部部长、各委员会主任、审计长、秘书长的人选；

（六）选举中央军事委员会主席；根据中央军事委员会主席的提名，决定中央军事委员会其他组成人员的人选；

（七）选举国家监察委员会主任；

（八）选举最高人民法院院长；

（九）选举最高人民检察院检察长；

（十）审查和批准国民经济和社会发展计划和计划执行情况的报告；

（十一）审查和批准国家的预算和预算执行情况的报告；

（十二）改变或者撤销全国人民代表大会常务委员会不适当的决定；

（十三）批准省、自治区和直辖市的建置；

（十四）决定特别行政区的设立及其制度；

（十五）决定战争和和平的问题；

（十六）应当由最高国家权力机关行使的其他职权。

第六十三条 全国人民代表大会有权罢免下列人员：

（一）中华人民共和国主席、副主席；

（二）国务院总理、副总理、国务委员、各部部长、各委员会主任、审计长、秘书长；

（三）中央军事委员会主席和中央军事委员会其他组成人员；

（四）国家监察委员会主任；

（五）最高人民法院院长；

（六）最高人民检察院检察长。

第六十四条 宪法的修改，由全国人民代表大会常务委员会或者五分之一以上的全国人民代表大会代表提议，并由全国人民代表大会以全体代表的三分之二以上的多数通过。

法律和其他议案由全国人民代表大会以全体代表的过半数通过。

第六十五条 全国人民代表大会常务委员会由下列人员组成：

委员长，

副委员长若干人，

秘书长，

委员若干人。

全国人民代表大会常务委员会组成人员中，应当有适当名额的少数民族代表。

全国人民代表大会选举并有权罢免全国人民代表大会常务委员会的组成人员。

全国人民代表大会常务委员会的组成人员不得担任国家

行政机关、监察机关、审判机关和检察机关的职务。

第六十六条 全国人民代表大会常务委员会每届任期同全国人民代表大会每届任期相同，它行使职权到下届全国人民代表大会选出新的常务委员会为止。

委员长、副委员长连续任职不得超过两届。

第六十七条 全国人民代表大会常务委员会行使下列职权：

（一）解释宪法，监督宪法的实施；

（二）制定和修改除应当由全国人民代表大会制定的法律以外的其他法律；

（三）在全国人民代表大会闭会期间，对全国人民代表大会制定的法律进行部分补充和修改，但是不得同该法律的基本原则相抵触；

（四）解释法律；

（五）在全国人民代表大会闭会期间，审查和批准国民经济和社会发展计划、国家预算在执行过程中所必须作的部分调整方案；

（六）监督国务院、中央军事委员会、国家监察委员会、最高人民法院和最高人民检察院的工作；

（七）撤销国务院制定的同宪法、法律相抵触的行政法规、决定和命令；

（八）撤销省、自治区、直辖市国家权力机关制定的同宪法、法律和行政法规相抵触的地方性法规和决议；

（九）在全国人民代表大会闭会期间，根据国务院总理的提名，决定部长、委员会主任、审计长、秘书长的人选；

（十）在全国人民代表大会闭会期间，根据中央军事委员会主席的提名，决定中央军事委员会其他组成人员的人选；

（十一）根据国家监察委员会主任的提请，任免国家监察委员会副主任、委员；

（十二）根据最高人民法院院长的提请，任免最高人民法院副院长、审判员、审判委员会委员和军事法院院长；

（十三）根据最高人民检察院检察长的提请，任免最高人民检察院副检察长、检察员、检察委员会委员和军事检察院检察长，并且批准省、自治区、直辖市的人民检察院检察长的任免；

（十四）决定驻外全权代表的任免；

（十五）决定同外国缔结的条约和重要协定的批准和废除；

（十六）规定军人和外交人员的衔级制度和其他专门衔级制度；

（十七）规定和决定授予国家的勋章和荣誉称号；

（十八）决定特赦；

（十九）在全国人民代表大会闭会期间，如果遇到国家遭受武装侵犯或者必须履行国际间共同防止侵略的条约的情况，决定战争状态的宣布；

（二十）决定全国总动员或者局部动员；

（二十一）决定全国或者个别省、自治区、直辖市进入紧急状态；

（二十二）全国人民代表大会授予的其他职权。

第六十八条 全国人民代表大会常务委员会委员长主持全国人民代表大会常务委员会的工作，召集全国人民代表大会常务委员会会议。副委员长、秘书长协助委员长工作。

委员长、副委员长、秘书长组成委员长会议，处理全国人民代表大会常务委员会的重要日常工作。

第六十九条 全国人民代表大会常务委员会对全国人民代表大会负责并报告工作。

第七十条 全国人民代表大会设立民族委员会、宪法和法律委员会、财政经济委员会、教育科学文化卫生委员会、外事委员会、华侨委员会和其他需要设立的专门委员会。在全国人民代表大会闭会期间，各专门委员会受全国人民代表大会常务委员会的领导。

各专门委员会在全国人民代表大会和全国人民代表大会常务委员会领导下，研究、审议和拟订有关议案。

第七十一条 全国人民代表大会和全国人民代表大会常务委员会认为必要的时候，可以组织关于特定问题的调查委员会，并且根据调查委员会的报告，作出相应的决议。

调查委员会进行调查的时候，一切有关的国家机关、社会团体和公民都有义务向它提供必要的材料。

第七十二条 全国人民代表大会代表和全国人民代表大会常务委员会组成人员，有权依照法律规定的程序分别提出属于全国人民代表大会和全国人民代表大会常务委员会职权范围内的议案。

第七十三条 全国人民代表大会代表在全国人民代表大会开会期间，全国人民代表大会常务委员会组成人员在常务委员会开会期间，有权依照法律规定的程序提出对国务院或者国务院各部、各委员会的质询案。受质询的机关必须负责答复。

第七十四条 全国人民代表大会代表，非经全国人民代表大会会议主席团许可，在全国人民代表大会闭会期间非经全国人民代表大会常务委员会许可，不受逮捕或者刑事审判。

第七十五条 全国人民代表大会代表在全国人民代表大会各种会议上的发言和表决，不受法律追究。

第七十六条 全国人民代表大会代表必须模范地遵守宪法和法律，保守国家秘密，并且在自己参加的生产、工作和社会活动中，协助宪法和法律的实施。

全国人民代表大会代表应当同原选举单位和人民保持密切的联系，听取和反映人民的意见和要求，努力为人民服务。

第七十七条 全国人民代表大会代表受原选举单位的监督。原选举单位有权依照法律规定的程序罢免本单位选出的代表。

第七十八条 全国人民代表大会和全国人民代表大会常务委员会的组织和工作程序由法律规定。

第二节 中华人民共和国主席

第七十九条 中华人民共和国主席、副主席由全国人民代表大会选举。

有选举权和被选举权的年满四十五周岁的中华人民共和

国公民可以被选为中华人民共和国主席、副主席。

中华人民共和国主席、副主席每届任期同全国人民代表大会每届任期相同。

第八十条 中华人民共和国主席根据全国人民代表大会的决定和全国人民代表大会常务委员会的决定，公布法律，任免国务院总理、副总理、国务委员、各部部长、各委员会主任、审计长、秘书长，授予国家的勋章和荣誉称号，发布特赦令，宣布进入紧急状态，宣布战争状态，发布动员令。

第八十一条 中华人民共和国主席代表中华人民共和国，进行国事活动，接受外国使节；根据全国人民代表大会常务委员会的决定，派遣和召回驻外全权代表，批准和废除同外国缔结的条约和重要协定。

第八十二条 中华人民共和国副主席协助主席工作。

中华人民共和国副主席受主席的委托，可以代行主席的部分职权。

第八十三条 中华人民共和国主席、副主席行使职权到下届全国人民代表大会选出的主席、副主席就职为止。

第八十四条 中华人民共和国主席缺位的时候，由副主席继任主席的职位。

中华人民共和国副主席缺位的时候，由全国人民代表大会补选。

中华人民共和国主席、副主席都缺位的时候，由全国人民代表大会补选；在补选以前，由全国人民代表大会常务委员会委员长暂时代理主席职位。

第三节　国务院

第八十五条　中华人民共和国国务院，即中央人民政府，是最高国家权力机关的执行机关，是最高国家行政机关。

第八十六条　国务院由下列人员组成：

总理，

副总理若干人，

国务委员若干人，

各部部长，

各委员会主任，

审计长，

秘书长。

国务院实行总理负责制。各部、各委员会实行部长、主任负责制。

国务院的组织由法律规定。

第八十七条　国务院每届任期同全国人民代表大会每届任期相同。

总理、副总理、国务委员连续任职不得超过两届。

第八十八条　总理领导国务院的工作。副总理、国务委员协助总理工作。

总理、副总理、国务委员、秘书长组成国务院常务会议。

总理召集和主持国务院常务会议和国务院全体会议。

第八十九条　国务院行使下列职权：

（一）根据宪法和法律，规定行政措施，制定行政法规，发布决定和命令；

（二）向全国人民代表大会或者全国人民代表大会常务委员会提出议案；

（三）规定各部和各委员会的任务和职责，统一领导各部和各委员会的工作，并且领导不属于各部和各委员会的全国性的行政工作；

（四）统一领导全国地方各级国家行政机关的工作，规定中央和省、自治区、直辖市的国家行政机关的职权的具体划分；

（五）编制和执行国民经济和社会发展计划和国家预算；

（六）领导和管理经济工作和城乡建设、生态文明建设；

（七）领导和管理教育、科学、文化、卫生、体育和计划生育工作；

（八）领导和管理民政、公安、司法行政等工作；

（九）管理对外事务，同外国缔结条约和协定；

（十）领导和管理国防建设事业；

（十一）领导和管理民族事务，保障少数民族的平等权利和民族自治地方的自治权利；

（十二）保护华侨的正当的权利和利益，保护归侨和侨眷的合法的权利和利益；

（十三）改变或者撤销各部、各委员会发布的不适当的命令、指示和规章；

（十四）改变或者撤销地方各级国家行政机关的不适当的决定和命令；

（十五）批准省、自治区、直辖市的区域划分，批准自治州、县、自治县、市的建置和区域划分；

（十六）依照法律规定决定省、自治区、直辖市的范围内部分地区进入紧急状态；

（十七）审定行政机构的编制，依照法律规定任免、培训、考核和奖惩行政人员；

（十八）全国人民代表大会和全国人民代表大会常务委员会授予的其他职权。

第九十条　国务院各部部长、各委员会主任负责本部门的工作；召集和主持部务会议或者委员会会议、委务会议，讨论决定本部门工作的重大问题。

各部、各委员会根据法律和国务院的行政法规、决定、命令，在本部门的权限内，发布命令、指示和规章。

第九十一条　国务院设立审计机关，对国务院各部门和地方各级政府的财政收支，对国家的财政金融机构和企业事业组织的财务收支，进行审计监督。

审计机关在国务院总理领导下，依照法律规定独立行使审计监督权，不受其他行政机关、社会团体和个人的干涉。

第九十二条　国务院对全国人民代表大会负责并报告工作；在全国人民代表大会闭会期间，对全国人民代表大会常务委员会负责并报告工作。

第四节　中央军事委员会

第九十三条　中华人民共和国中央军事委员会领导全国武装力量。

中央军事委员会由下列人员组成：

主席，

副主席若干人，

委员若干人。

中央军事委员会实行主席负责制。

中央军事委员会每届任期同全国人民代表大会每届任期相同。

第九十四条 中央军事委员会主席对全国人民代表大会和全国人民代表大会常务委员会负责。

第五节 地方各级人民代表大会和地方各级人民政府

第九十五条 省、直辖市、县、市、市辖区、乡、民族乡、镇设立人民代表大会和人民政府。

地方各级人民代表大会和地方各级人民政府的组织由法律规定。

自治区、自治州、自治县设立自治机关。自治机关的组织和工作根据宪法第三章第五节、第六节规定的基本原则由法律规定。

第九十六条 地方各级人民代表大会是地方国家权力机关。

县级以上的地方各级人民代表大会设立常务委员会。

第九十七条 省、直辖市、设区的市的人民代表大会代表由下一级的人民代表大会选举；县、不设区的市、市辖区、乡、民族乡、镇的人民代表大会代表由选民直接选举。

地方各级人民代表大会代表名额和代表产生办法由法律

规定。

第九十八条 地方各级人民代表大会每届任期五年。

第九十九条 地方各级人民代表大会在本行政区域内，保证宪法、法律、行政法规的遵守和执行；依照法律规定的权限，通过和发布决议，审查和决定地方的经济建设、文化建设和公共事业建设的计划。

县级以上的地方各级人民代表大会审查和批准本行政区域内的国民经济和社会发展计划、预算以及它们的执行情况的报告；有权改变或者撤销本级人民代表大会常务委员会不适当的决定。

民族乡的人民代表大会可以依照法律规定的权限采取适合民族特点的具体措施。

第一百条 省、直辖市的人民代表大会和它们的常务委员会，在不同宪法、法律、行政法规相抵触的前提下，可以制定地方性法规，报全国人民代表大会常务委员会备案。

设区的市的人民代表大会和它们的常务委员会，在不同宪法、法律、行政法规和本省、自治区的地方性法规相抵触的前提下，可以依照法律规定制定地方性法规，报本省、自治区人民代表大会常务委员会批准后施行。

第一百零一条 地方各级人民代表大会分别选举并且有权罢免本级人民政府的省长和副省长、市长和副市长、县长和副县长、区长和副区长、乡长和副乡长、镇长和副镇长。

县级以上的地方各级人民代表大会选举并且有权罢免本级监察委员会主任、本级人民法院院长和本级人民检察院检察长。选出或者罢免人民检察院检察长，须报上级人民检察院检察长提请该级人民代表大会常务委员会批准。

第一百零二条 省、直辖市、设区的市的人民代表大会代表受原选举单位的监督；县、不设区的市、市辖区、乡、民族乡、镇的人民代表大会代表受选民的监督。

地方各级人民代表大会代表的选举单位和选民有权依照法律规定的程序罢免由他们选出的代表。

第一百零三条 县级以上的地方各级人民代表大会常务委员会由主任、副主任若干人和委员若干人组成，对本级人民代表大会负责并报告工作。

县级以上的地方各级人民代表大会选举并有权罢免本级人民代表大会常务委员会的组成人员。

县级以上的地方各级人民代表大会常务委员会的组成人员不得担任国家行政机关、监察机关、审判机关和检察机关的职务。

第一百零四条 县级以上的地方各级人民代表大会常务委员会讨论、决定本行政区域内各方面工作的重大事项；监督本级人民政府、监察委员会、人民法院和人民检察院的工作；撤销本级人民政府的不适当的决定和命令；撤销下一级人民代表大会的不适当的决议；依照法律规定的权限决定国家机关工作人员的任免；在本级人民代表大会闭会期间，罢免和补选上一级人民代表大会的个别代表。

第一百零五条 地方各级人民政府是地方各级国家权力机关的执行机关，是地方各级国家行政机关。

地方各级人民政府实行省长、市长、县长、区长、乡长、镇长负责制。

第一百零六条 地方各级人民政府每届任期同本级人民代表大会每届任期相同。

第一百零七条 县级以上地方各级人民政府依照法律规定的权限，管理本行政区域内的经济、教育、科学、文化、卫生、体育事业、城乡建设事业和财政、民政、公安、民族事务、司法行政、计划生育等行政工作，发布决定和命令，任免、培训、考核和奖惩行政工作人员。

乡、民族乡、镇的人民政府执行本级人民代表大会的决议和上级国家行政机关的决定和命令，管理本行政区域内的行政工作。

省、直辖市的人民政府决定乡、民族乡、镇的建置和区域划分。

第一百零八条 县级以上的地方各级人民政府领导所属各工作部门和下级人民政府的工作，有权改变或者撤销所属各工作部门和下级人民政府的不适当的决定。

第一百零九条 县级以上的地方各级人民政府设立审计机关。地方各级审计机关依照法律规定独立行使审计监督权，对本级人民政府和上一级审计机关负责。

第一百一十条 地方各级人民政府对本级人民代表大会负责并报告工作。县级以上的地方各级人民政府在本级人民代表大会闭会期间，对本级人民代表大会常务委员会负责并报告工作。

地方各级人民政府对上一级国家行政机关负责并报告工作。全国地方各级人民政府都是国务院统一领导下的国家行政机关，都服从国务院。

第一百一十一条 城市和农村按居民居住地区设立的居民委员会或者村民委员会是基层群众性自治组织。居民委员会、村民委员会的主任、副主任和委员由居民选举。居民委员会、村民委员会同基层政权的相互关系由法律规定。

居民委员会、村民委员会设人民调解、治安保卫、公共卫生等委员会，办理本居住地区的公共事务和公益事业，调解民间纠纷，协助维护社会治安，并且向人民政府反映群众的意见、要求和提出建议。

第六节 民族自治地方的自治机关

第一百一十二条 民族自治地方的自治机关是自治区、自治州、自治县的人民代表大会和人民政府。

第一百一十三条 自治区、自治州、自治县的人民代表大会中，除实行区域自治的民族的代表外，其他居住在本行政区域内的民族也应当有适当名额的代表。

自治区、自治州、自治县的人民代表大会常务委员会中应当有实行区域自治的民族的公民担任主任或者副主任。

第一百一十四条 自治区主席、自治州州长、自治县县长由实行区域自治的民族的公民担任。

第一百一十五条 自治区、自治州、自治县的自治机关行使宪法第三章第五节规定的地方国家机关的职权，同时依照宪法、民族区域自治法和其他法律规定的权限行使自治权，根据本地方实际情况贯彻执行国家的法律、政策。

第一百一十六条 民族自治地方的人民代表大会有权依照当地民族的政治、经济和文化的特点，制定自治条例和单行条例。自治区的自治条例和单行条例，报全国人民代表大会常务委员会批准后生效。自治州、自治县的自治条例和单行条例，报省或者自治区的人民代表大会常务委员会批准后生效，并报全国人民代表大会常务委员会备案。

第一百一十七条 民族自治地方的自治机关有管理地方财政的自治权。凡是依照国家财政体制属于民族自治地方的财政收入，都应当由民族自治地方的自治机关自主地安排使用。

第一百一十八条 民族自治地方的自治机关在国家计划的指导下，自主地安排和管理地方性的经济建设事业。

国家在民族自治地方开发资源、建设企业的时候，应当照顾民族自治地方的利益。

第一百一十九条 民族自治地方的自治机关自主地管理本地方的教育、科学、文化、卫生、体育事业，保护和整理民族的文化遗产，发展和繁荣民族文化。

第一百二十条 民族自治地方的自治机关依照国家的军事制度和当地的实际需要，经国务院批准，可以组织本地方维护社会治安的公安部队。

第一百二十一条 民族自治地方的自治机关在执行职务的时候，依照本民族自治地方自治条例的规定，使用当地通用的一种或者几种语言文字。

第一百二十二条 国家从财政、物资、技术等方面帮助各少数民族加速发展经济建设和文化建设事业。

国家帮助民族自治地方从当地民族中大量培养各级干部、各种专业人才和技术工人。

第七节 监察委员会

第一百二十三条 中华人民共和国各级监察委员会是国家的监察机关。

第一百二十四条 中华人民共和国设立国家监察委员会和地方各级监察委员会。

监察委员会由下列人员组成：

主任，

副主任若干人，

委员若干人。

监察委员会主任每届任期同本级人民代表大会每届任期相同。国家监察委员会主任连续任职不得超过两届。

监察委员会的组织和职权由法律规定。

第一百二十五条 中华人民共和国国家监察委员会是最高监察机关。

国家监察委员会领导地方各级监察委员会的工作，上级监察委员会领导下级监察委员会的工作。

第一百二十六条 国家监察委员会对全国人民代表大会和全国人民代表大会常务委员会负责。地方各级监察委员会对产生它的国家权力机关和上一级监察委员会负责。

第一百二十七条　监察委员会依照法律规定独立行使监察权，不受行政机关、社会团体和个人的干涉。

监察机关办理职务违法和职务犯罪案件，应当与审判机关、检察机关、执法部门互相配合，互相制约。

第八节　人民法院和人民检察院

第一百二十八条　中华人民共和国人民法院是国家的审判机关。

第一百二十九条　中华人民共和国设立最高人民法院、地方各级人民法院和军事法院等专门人民法院。

最高人民法院院长每届任期同全国人民代表大会每届任期相同，连续任职不得超过两届。

人民法院的组织由法律规定。

第一百三十条　人民法院审理案件，除法律规定的特别情况外，一律公开进行。被告人有权获得辩护。

第一百三十一条　人民法院依照法律规定独立行使审判权，不受行政机关、社会团体和个人的干涉。

第一百三十二条　最高人民法院是最高审判机关。

最高人民法院监督地方各级人民法院和专门人民法院的审判工作，上级人民法院监督下级人民法院的审判工作。

第一百三十三条　最高人民法院对全国人民代表大会和全国人民代表大会常务委员会负责。地方各级人民法院对产生它的国家权力机关负责。

第一百三十四条　中华人民共和国人民检察院是国家的法律监督机关。

第一百三十五条 中华人民共和国设立最高人民检察院、地方各级人民检察院和军事检察院等专门人民检察院。

最高人民检察院检察长每届任期同全国人民代表大会每届任期相同，连续任职不得超过两届。

人民检察院的组织由法律规定。

第一百三十六条 人民检察院依照法律规定独立行使检察权，不受行政机关、社会团体和个人的干涉。

第一百三十七条 最高人民检察院是最高检察机关。

最高人民检察院领导地方各级人民检察院和专门人民检察院的工作，上级人民检察院领导下级人民检察院的工作。

第一百三十八条 最高人民检察院对全国人民代表大会和全国人民代表大会常务委员会负责。地方各级人民检察院对产生它的国家权力机关和上级人民检察院负责。

第一百三十九条 各民族公民都有用本民族语言文字进行诉讼的权利。人民法院和人民检察院对于不通晓当地通用的语言文字的诉讼参与人，应当为他们翻译。

在少数民族聚居或者多民族共同居住的地区，应当用当地通用的语言进行审理；起诉书、判决书、布告和其他文书应当根据实际需要使用当地通用的一种或者几种文字。

第一百四十条 人民法院、人民检察院和公安机关办理刑事案件，应当分工负责，互相配合，互相制约，以保证准确有效地执行法律。

第四章　国旗、国歌、国徽、首都

第一百四十一条　中华人民共和国国旗是五星红旗。

中华人民共和国国歌是《义勇军进行曲》。

第一百四十二条　中华人民共和国国徽，中间是五星照耀下的天安门，周围是谷穗和齿轮。

第一百四十三条　中华人民共和国首都是北京。

职工权益导读

1. 什么是宪法?

宪法是国家的根本大法，它规定了国家的根本制度和根本任务，确认了公民的基本权利和义务，是公民行为的基本准则，具有最高的法律效力。

现行的《中华人民共和国宪法》（以下简称《宪法》）于 1982 年 12 月 4 日由第五届全国人大第五次会议正式通过并颁布。这部《宪法》总结了中国特色社会主义发展的经验，并吸收了国际经验，是治国安邦的总章程，是党和人民意志的集中体现，具有最高的法律地位、法律权威、法律效力。它明确规定了中华人民共和国的政治制度、经济制度、公民的权利和义务、国家机构的设置和职责范围、国家的根本任务等，是对国家发展进步、保证人民创造幸福生活、保障中华民族实现伟大复兴，保障我们始终沿着中国特色社会主义道路前进的根本大法。

2. 现行《宪法》修改过几次?

现行《宪法》是1982年由五届全国人大五次会议通过并公布施行的。之后，根据我国改革开放和社会主义现代化建设的实践和发展，在党中央领导下，全国人大于1988年、1993年、1999年、2004年先后4次对1982年《宪法》即我国现行《宪法》的个别条款和部分内容作出必要的、也是十分重要的部分修改。

3. 2018年修改《宪法》的历史背景是什么?

自2004年《宪法》修改以来，党和国家事业又有了许多重要发展变化。特别是党的十八大以来，以习近平同志为核心的党中央团结带领全国各族人民毫不动摇坚持和发展中国特色社会主义，统筹推进“五位一体”总体布局、协调推进“四个全面”战略布局，推进党的建设新的伟大工程，形成一系列治国理政新理念新思想新战略，推动党和国家事业取得历史性成就、发生历史性变革，中国特色社会主义进入了新时代。

中国特色社会主义进入新时代，这是我国发展新的历史方位。党的十九大在新的历史起点上对新时代坚持和发展中国特色社会主义作出重大战略部署，提出了一系列重大政治论断，确立了习近平新时代中国特色社会主义思想在全党的指导地位，确定了新的奋斗目标，对党和国家事业发展具有重大指导和引领意义。根据新时代坚持和发展中国特色社会主义的新形势新实践，在总体保持我国《宪法》连续性、稳定性、权威性的基础上，对我国现行《宪法》作出适当的修改完善，把党和人民在实践中取得的重大理论创新、实践创新、制度创新成果通过国家根本法确认下来，使之成为全国各族人民的共同遵循，成为国家各项事业、各方面工作的活动准则，对于全面贯彻党的十九大精神、广泛动员和组织全国各族人民为夺取新时代中国特色社会主义伟大胜利而奋斗具有十分重大的意义。

这次修宪是新时代首次《宪法》修改，是党和国家政治生活中的一件大事，是以习近平同志为核心的党中央从新时代坚持和发展中国特色社会主义全局和战略高度作出的重大决策，是推进全面依法治国、推进国家治理体系和治理能力现代化的重大举措。

4. 如何认识修改《宪法》的重要意义？

2018 年修改《宪法》是在中国特色社会主义进入新时代的历史背景下，站在健全完善党和国家领导制度、推进国家治理体系和治理能力现代化的高度，完善了党和国家的领导体制，完善了人民代表大会制度，完善了统一战线制度，建立健全了国家监察制度等，意义十分重大。

（1）修宪为在国家政治和社会生活中贯彻习近平新时代中国特色社会主义思想提供了宪法保障。改革开放以来，党治国理政的一条成功经验就是通过修改《宪法》把党的指导思想确立为国家的指导思想，实现党的主张、人民意志、依法治国的高度统一，这对于党和国家事业发展至关重要。习近平新时代中国特色社会主义思想已经成为全党全国各族人民团结奋斗的共同思想基础。

（2）为全面贯彻实施宪法确立的国家根本任务、发展道路、奋斗目标提供了宪法保障。我国宪法以国家根本法的形式，确立了中国特色社会主义道路、中国特色社会主义理论体系、中国特色社会主义制度的发展成果，反映了我国各族人民的共同意志和根本利益，成为历史新时期党和国家的中心工作、基本原则、重大方针、重要政策在国家法制上的最高体现。

（3）为确保党的长期执政和国家长治久安提供了宪法保障。中国共产党是执政党，是国家的最高政治领导力量。中国共产党领导是中国特色社会主义最本质的特征，是中国特色社会主义制度的最大优势。把党的领导载入宪法，从社会主义制度的本质属性角度对坚持和加强党的全面领导进行规定，有利于在全体人民中强化党的领导意识，有效把党的领导落实到国家工作全过程和各方面，确保党和国家事业始终沿着正确方向前进。

（4）为进一步全面推进依法治国提供了宪法保障。宪法是党领导人民制定的，是党的主张和人民意志的高度统一，是坚持党的领导、人民当家作主、依法治国有机统一的根本依据。以宪法为准绳，才能建设完备的法律规范体系、高效的法治实施体系、严密的法治监督体系和有力的法治保障体系，不断深化依法治国实践。

（5）为人民当家作主提供了宪法保障。宪法修改完善国家立法体制，进一步健全了人民当家作主的制度体系，强化了人民主体地位，促进了社会主义民主制度化法律化，推动了人民代表大会制度的完善。

5. 2018 年《宪法》修改的主要内容有哪些？

这次《宪法》一共修改了 21 处，修改的主要内容有：

（1）确立习近平新时代中国特色社会主义思想在国家政治和社会生活中的指导地位。

《宪法修正案》将《宪法》序言中“在马克思列宁主义、毛泽东思想、邓小平理论和‘三个代表’重要思想指引下”修改为“在马克思列宁主义、毛泽东思想、邓小平理论、‘三个代表’重要思想、科学发展观、习近平新时代中国特色社会主义思想指引下”。同时，在“自力更生，艰苦奋斗”前增写“贯彻新发展理念”。

习近平新时代中国特色社会主义思想是马克思主义中国化最新成果，是党和人民实践经验和集体智慧的结晶，是中国特色社会主义理论体系的重要组成部分，党的十九大党章修正案已经将其确立为党的指导思想。将其与科学发展观一同写入宪法，确立其在国家政治和社会生活中的指导地位，反映了全国各族人民的共同意愿，体现了党的主张和人民意志的统一，明确了全党全国人民为实现中华民族伟大复兴而奋斗的共同思想基础。

创新、协调、绿色、开放、共享的新发展理念是党的十八大以来以习近平同志为核心的党中央推动我国经济发展实践的理论结晶，是习近平新时代中国特色社会主义经济思想的主要内容。把“新发展理念”写入宪法，有利于从宪法上确认这一重要理论成果。

（2）调整充实中国特色社会主义事业总体布局和第二个百年奋斗目标的内容。

《宪法修正案》将《宪法》序言中“推动物质文明、政治文明和精神文明协调发展，把我国建设成为富强、民主、文明的社会主义国家”修改为“推动物质文明、政治文明、精神文明、社会文明、生态文明协调发展，把我国建设成为富强民主文明和谐美丽的社会主义现代化强国，实现中华民族伟大复兴”。与此相适应，在宪法第三章“国家机构”中也增加“生态文明建设”的内容。

这一修订，是我们党对社会主义建设规律认识的深化，是对中国特色社会主义事业总体布局的丰富和完善。

（3）完善依法治国和宪法实施举措。

《宪法修正案》将《宪法》序言中“健全社会主义法制”修改为“健全社会主义法治”。一字之易，体现我党依法治国理念和方式的新飞跃。作这样的修改，有利于推进全面依法治国，建设中国特色社会主义法治体系，加快实现国家治理体系和治理能力现代化，为党和国家事业发展提供根本性、全局性、稳定性、长期性的制度保障。

同时，在《宪法》第一章“总纲”第二十七条增加一款，作为第三款：“国家工作人员就职时应当依照法律规定公开进行宪法宣誓。”将宪法宣誓制度在宪法中确认下来，有利于促使国家工作人员树立宪法意识、恪守宪法原则、弘扬宪法精神、履行宪法使命，也有利于彰显宪法权威，激励和教育国家工作人员忠于宪法、遵守宪法、维护宪法，加强宪法实施。

（4）充实坚持和加强中国共产党全面领导的内容。

《宪法修正案》在《宪法》第一章“总纲”“社会主义制度是中华人民共和国的根本制度。”后增写一句，内容为“中国共产党领导是中国特色社会主义最本质的特征。”

中国共产党领导是中国特色社会主义制度的最大优势。宪法从社会主义制度的本质属性角度对坚持和加强党的全面领导进行规定，有利于在全体人民中强化党的领导意识，有效把党的领导落实到国家工作全过程和各方面，确保党和国家事业始终沿着正确方向前进。

（5）修改国家主席任职方面的有关规定。

《宪法修正案》将《宪法》第三章“国家机构”第七十九条第三款“中华人民共和国主席、副主席每届任期同全国人民代表大会每届任期相同，连续任职不得超过两届”修改为“中华人民共和国主席、副主席每届任期同全国人民代表大会每届任期相同”。

这样的修改是符合我国国情、保证党和国家长治久安的制度设计，是保证中国共产党、中华人民共和国、中国人民解放军领导人“三位一体”的制度安排，更符合全党、全民、全军的共同意志和共同要求。

（6）增加有关监察委员会的各项规定。

此次修宪，对我国现行《宪法》作出 21 条修改，其中 11 条同设立监察委员会有关。

《宪法修正案》在《宪法》第三章“国家机构”第六节后增加一节，作为第七节“监察委员会”，就国家监察委员会和地方各级监察委员会的性质、地位、名称、人员组成、任期任届、领导体制、工作机制等作出规定。与此相适应，还对第一章“总纲”、第三章“国家机构”的相应条款作出了修改。修改反映了党的十八大以来深化国家监察体制改革的成果，贯彻了党的十九大关于健全党和国家监督体系的部署。

深化监察体制改革，是以习近平同志为核心的党中央作出的事关全局的重大政治体制改革，改革目标就是要整合反腐败资源力量，加强党对反腐败工作集中统一领导，建立权威高效的国家监察体制。设立监察委员会涉及国家机构职权的重大调整和完善，所以需要做好顶层设计，在《宪法》中作出规定。这次《宪法修正案》对监察委员会的规定，为设立监察委员会并为其依法行使职权开展工作提供了宪法依据，也为制定监察法提供了宪法依据。

除了上述改动之外，此次《宪法修正案》还有多处重要改动，包括增加倡导社会主义核心价值观的内容、增加设区的市制定地方性法规的规定、充实完善爱国统一战线和民族关系的内容、充实和平外交政策方面的内容等。

6. 为什么《宪法》修改增加了社会主义核心价值观内容？

党的十八大提出，倡导富强、民主、文明、和谐，倡导自由、平等、公正、法治，倡导爱国、敬业、诚信、友善，积极培育和践行社会主义核心价值观。富强、民主、文明、和谐是国家层面的价值目标，自由、平等、公正、法治是社会层面的价值取向，爱国、敬业、诚信、友善是公民个人层面的价值准则，这 24 个字是社会主义核心价值观的基本内容。

2017 年 10 月 18 日，习近平总书记在党的十九大报告中指出，要培育和践行社会主义核心价值观。要以培养担当民族复兴大任的时代新人为着眼点，强化教育引导、实践养成、制度保障，发挥社会主义核心价值观对国民教育、精神文明创建、精神文化产品创作生产传播的引领作用，把社会主义核心价值观融入社会发展各方面，转化为人们的情感认同和行为习惯。坚持全民行动、干部带头，从家庭做起，从娃娃抓起。深入挖掘中华优秀传统文化蕴含的思想观念、人文精神、道德规范，结合时代要求继承创新，让中华文化展现出永久魅力和时代风采。

为贯彻党的主张，提高全体人民的道德观，凝聚起实现中华民族伟大复兴的中国力量，2018 年 3 月 11 日通过的《宪法》修正案，将“国家提倡爱祖国、爱人民、爱劳动、爱科学、爱社会主义的公德”修改为“国家倡导社会主义核心价值观，提倡爱祖国、爱人民、爱劳动、爱科学、爱社会主义的公德”。

7. 我国的国体是什么？

国体也称国家性质，即国家的阶级本质，主要反映的是社会各阶级在国家中的地位。《宪法》第一条规定：“中华人民共和国是工人阶级领导的、以工农联盟为基础的人民民主专政的社会主义国家。”这就明确地表明了我国的国体。

人民民主专政具有以下基本特征：

（1）以工人阶级为领导、以工农联盟为基础。工人阶级是我国的领导阶级，是先进生产力的代表，只有其才能承担大力发展生产力，建设社会主义物质文明、政治文明和精神文明，实现共产主义的历史使命。工农联盟是指工人阶级和农民阶级的联盟，是我国的政权基础，也是取得革命和建设胜利的基本保证。

（2）知识分子是社会主义建设必须依靠的力量之一。宪法序言规定：“社会主义的建设事业必须依靠工人、农民和知识分子，团结一切可以团结的力量。”知识分子是工人阶级的一部分，他们凭借知识、技能和专长从事脑力劳动，是社会主义建设不可缺少的依靠力量。

（3）以广泛的爱国统一战线为政治联盟。统一战线是无产阶级在革命斗争中为反对主要敌人，与一切可以团结的力量结成的联盟。在长期的革命和建设中，我国已经结成由中国共产党领导的，有各民主党派和各人民团体参加的，包括全体社会主义劳动者、社会主义事业的建设者、拥护社会主义的爱国者和拥护祖国统一的爱国者的广泛的爱国统一战线，它是巩固和发展人民民主专政制度的政治联盟。

8. 我国的政体是什么？为什么人民代表大会制度是我国的政权组织形式？

政体指政权的组织形式，是指统治阶级采取何种原则和方式来组织自己的政权机关，实现自己的统治。我国的政权组织形式是人民代表大会制度。《宪法》第二条规定：中华人民共和国的一切权力属于人民。人民行使国家权力的机关是全国人民代表大会和地方各级人民代表大会。人民依照法律规定，通过各种途径和形式，管理国家事务，管理经济和文化事业，管理社会事务。这是关于我国政体的规定。

人民代表大会制度之所以是我国的政权组织形式，因为：

（1）它在我国政治制度体系中居于核心地位，决定着国家社会生活的各个方面和其他各种具体制度。人民代表大会作为国家权力机关，它的权力是人民授予的，并且代表人民行使权力。国家行政机关、监察机关、审判机关、检察机关的行政权、监察权、审判权、检察权等，都是由人民代表大会通过制定宪法和法律授予的，都必须按照人民代表大会通过的宪法和法律办事。人民代表大会是我国各种国家制度的源泉，国家的其他制度，如婚姻家庭制度、民事商事制度、国家机构的制度、刑事制度、诉讼制度等，都是由人民代表大会通过立法创制出来，都要受到人民代表大会制度的统领和制约。正因为如此，人民代表大会制度在我国政治制度中具有根本性地位，这是由我国人民民主专政的国家性质决定的。全体人民通过广泛选举产生工人、农民、知识分子等各方面的代表，组成全国人民代表大会和地方各级人民代表大会，统一行使国家权力，充分体现了各阶级、各阶层在国家政治生活中的地位，并确保了在最广大的人民内部充分实行民主。

（2）它是适合我国国情，确保人民当家作主的最好形式。我国地域广大、人口众多、差异显著的国情，也决定了全体人民不可能直接行使国家各项权力。人民通过选举自己的代表，组成人民代表大会，代表人民去行使国家权力。选出代表对人民负责，为人民服务，受人民监督。

9. 我国的国家结构形式是什么？具体特点有哪些？

我国是单一制国家。所谓单一制，是和联邦制相对的一种国家结构形式。单一制国家只有一部宪法，只有一套统一的国家机构体系和统一的司法系统；地方的权力来自中央的授予，并接受中央的统一领导；中央政府是唯一的外交主体。我国采取单一制的国家结构形式决定了必须坚持中央的统一领导。在中央和地方关系问题上，一方面要坚持中央的统一领导，地方要贯彻执行中央制定的法律和政策，维护国家统一。另一方面，要充分发挥地方的主动性和积极性，地方可以根据各地的实际情况，因地制宜地制定政策措施，管理地方事务。

10. 我国的基本经济制度是什么？

经济制度是指国家的统治阶级为了反映在社会中占统治地位的生产关系的发展要求，建立、维护和发展有利于其政治统治的经济秩序而确认或创设的各种有关经济问题的规则和措施的总称，具体包括生产资料所有制结构、分配形式、经济制度等内容。我国实行的是以公有制为主体、多种所有制经济共同发展的基本经济制度。根据《宪法》规定，我国生产资料所有制的具体形式主要包括以下几大类：

（1）全民所有制经济，又称国有经济。即由国家代表全体人民共同占有生产资料的一种公有制经济形式。发挥国有经济在国民经济中的主导作用，是体现社会主义优越性，实现社会主义现代化的重要物质保障，影响并带动着其他经济的发展。

（2）劳动群众集体所有制经济，是由集体经济组织内部的劳动者共同占有生产资料的一种公有制经济。它是公有制经济的重要组成部分，与全民所有制经济一起共同构成我国社会主义经济制度的基础。

（3）非公有制经济，主要包括：个体经济、私营经济和外商投资经济等非公有制经济。它们是社会主义市场经济的重要组成部分。

11. 非公有制经济在我国处于什么样的地位？

《宪法》第十一条规定：非公有制经济是社会主义市场经济的重要组成部分，国家鼓励、支持和引导非公有制经济的发展，并对其依法实行监督和管理。所谓鼓励，是指国家通过制定法律、出台政策等方式，大力提倡发展个体经济、私营经济和外资经济等各种形式的非公有制经济。所谓支持，是指国家为个体经济、私营经济等非公有制经济的发展提供财税、信贷、信用担保等多方面的支持和帮助。所谓引导，是指国家引导非公有制企业提高自身素质，朝着健康有序的方向发展。如国家引导非公有制企业贯彻执行法律法规和政策规定，完善企业组织制度，提高企业管理人员素质等。所谓监督和管理，主要是指国家为了确保非公有制经济沿着健康有序的方向发展，采取必要的措施，监督其在法律政策范围内开展经营活动，规范其设立和经营，对日常生产和经营活动依法进行管理和规范。需要指出的是，这里的监督和管理必须严格依法进行，行政主管部门不得以监督和管理为名，干预非公有制经济的正常经济活动。

12. 我国现阶段实行怎样的分配原则？

我国以公有制为主体、多种所有制经济共同发展的所有制结构决定我国的分配制度必然是以按劳分配为主体、多种分配方式共存。按劳分配，是指以劳动者向社会提供劳动产品的数量和质量为标准，分配个人收入和消费品，多劳多得，少劳少得，不劳不得。除按劳分配外，我国还存在许多其他分配形式，这主要是因为：一是多种所有制经济的存在决定了分配方式上的多样化。我国宪法和法律允许和鼓励个体经济、私营经济等多种所有制经济共同发展，这些所有制经济对应按劳分配以外的其他分配方式也是合法的。二是发展社会主义市场经济的需要。在市场经济条件下，市场在资源配置中起基础性作用，劳动力、资本、技术、信息等生产要素在市场上自由流动，必然导致这些生产要素参与收入的分配。

13.《宪法》是如何规定土地的归属的?

我国实行土地公有制，一切土地都属于国家或者集体所有。《宪法》第十条规定：城市的土地属于国家所有。农村和城市郊区的土地，除由法律规定属于国家所有的以外，属于集体所有；宅基地和自留地、自留山，也属于集体所有。根据这一规定，我国的土地公有制有两种形式：一是国家所有的土地，主要包括城市的土地和法律规定属于国家所有的农村和城市郊区的土地。这里讲的城市的土地包括城市市区的土地，以及较大的镇的市区。法律规定的属于国家所有的农村和城市郊区的土地主要是指依法不属于集体所有的林地、草原、荒地和滩涂，国家的公路、机场、军事设施用地等。二是集体所有的土地，主要包括除法律规定属于国家所有以外的农村和城市郊区的土地，以及宅基地和自留地、自留山。在农村和城市郊区，土地是从事农业生产的最重要的生产资料，是农村集体所有制的重要物质基础。土地归农民集体所有，有利于保障农民的合法权益，有利于保护农民从事农业生产的积极性。农民的宅基地和自留山、自留地，是农民日常生活所必需的物质基础，属于集体所有，有利于保障农民的生活。

14.《宪法》对土地征收、征用有何规定?

《宪法》第十条第三款规定：国家为了公共利益的需要，

可以依照法律规定对土地实行征收或者征用并给予补偿。这里明确规定了国家对土地进行征收或者征用的条件和补偿。征收是将土地所有权收归国有，一般是针对集体所有土地而言；征用是指临时征用，不改变土地所有权。对于国有土地，只存在征用的问题，不存在征收问题；对于集体所有土地，则既可以征收，也可以征用。

《物权法》第四十二条规定：征收集体所有的土地，应当依法足额支付土地补偿费、安置补助费、地上附着物和青苗的补偿费等费用，安排被征地农民的社会保障费用，保障被征地农民的生活，维护被征地农民的合法权益。《土地管理法》第四十七条规定：征收土地的，按照被征收土地的原用途给予补偿。该条还详细规定了补偿费用的计算标准。

15. 公民的合法私有财产不受侵犯的含义是什么？

2004 年 3 月 14 日，第十届全国人大二次会议表决通过的《宪法修正案》，将 1999 年《宪法》第十三条“国家保护公民的合法的收入、储蓄、房屋和其他合法财产的所有权。”“国家依照法律规定保护公民的私有财产的继承权。”修改为：“公民的合法的私有财产不受侵犯。”“国家依照法律规定保护公民的私有财产权和继承权。”“国家为了公共利益的需要，可以依照法律规定对公民的私有财产实行征收或者征用并给予补偿。”

（1）《宪法》保护公民的私有财产的范围。这里保护的是“合法”的私有财产，不合法的私有财产是不受保护的，如现实生活中存在的那些用盗窃、抢劫、贪污、受贿等违法犯罪手段取得的非法财产不在保护之列。之所以这样修改，就是要强调受保护对象的合法性，以引导人们通过合法经营、辛勤劳动致富。合法的私有财产包括有形财产（包括动产和不动产）和无形财产（包括著作权、专利权、商标专用权等知识产权）、生活资料和生产资料。

（2）《宪法》确立了我国对私有财产的征收、征用制度。当国家需要对私有财产进行征收、征用时，应当遵循以下三条原则：一是公共利益需要的原则。实行征收、征用，必须是出于公共利益的需要，这是征收、征用的前提条件。而不能是出于商业利益需要或者是部门、单位和小集体的利益的需要。因为在现实生活中，有的假借公共利益之名，行谋取部门、单位和小集体利益之实，这是法律所不允许的。为了谋求商业利益或者单位的利益而需要公民转让其私有财产权时，应当通过平等协商、公平买卖的办法解决，而不能借助国家强制力来实现。二是依照法定程序的原则。为了防止滥用这种手段，平衡私有财产保护和公共利益需要的关系，征收、征用必须严格依照法律规定的程序进行。三是依法给予补偿的原则。尽管征收和征用是为了公共利益需要，但都不能采取无偿剥夺的方式，必须依法给予补偿。

16.《宪法》规定“国有企业依照法律规定，通过职工代表大会和其他形式，实行民主管理”的意义是什么？

《宪法》第十六条第二款规定：“国有企业依照法律规定，通过职工代表大会和其他形式，实行民主管理。”这一规定确立了企业民主管理的基本形式——职工代表大会制度。

职工代表大会是企业职工民主管理的基本形式，是职工行使民主管理权力的机构。在市场经济条件下，《宪法》这一规定有以下意义：

（1）从国家根本大法的角度确立了职工代表大会的地位，是《劳动法》《工会法》《公司法》制定职工民主管理规定的重要依据。

（2）体现了我国工人阶级实现当家作主的权利。我国是人民民主专政的社会主义国家，国家的性质决定了人民是国家的主人，人民有权通过各种形式和途径，管理国家、管理经济事业和其他各项事业。工人阶级是我国的领导阶级，是国家、社会和企业的主人。民主管理是我国社会主义企业的基本原则，其核心就是依靠工人阶级管理好企业的各项经营活动。这也是我国社会主义企业的基本特征之一。在决胜全面建成小康社会，为实现中华民族伟大复兴中国梦而奋斗的时代背景下，强调各种不同类型的企业通过职工代表大会等形式实行民主管理，保障了职工参与企业管理的权利，对充分发挥工人阶级主力军作用具有重要意义。

17. 国家为什么要建立健全同经济发展水平相适应的社会保障制度？

社会保障直接关系广大人民群众的切身利益，逐步建立健全社会保障制度是由我国社会主义的国家性质决定的，也是改善民生、增进人民福祉的必然要求，更是社会稳定和国家长治久安的重要保障。社会保障是一个由多个系统与项目组成的体系，不同的社会保障系统或项目承担着不同的社会保障责任，解决不同的民生与社会问题，也有着不同的财政来源、制度结构和运行机制。建立社会保障制度不仅要符合国情，而且要尊重社会保障制度的客观发展规律。我国人口众多，城乡、区域发展很不平衡，社会保障制度的建立健全必须同经济社会发展水平相适应，循序渐进地予以推进，否则欲速则不达。社会保障制度一般包括以下内容：一是社会救助。社会救助是一项基础性保障制度，由财政负责提供专款，面向低收入或者贫困阶层，为符合条件者提供生活救助灾害救助及其他专项救助。二是社会保险。社会保险是面向劳动者的基本保障制度，它建立在劳资分责、政府支持的基础上，负责解除劳动者在养老、医疗、工伤、失业等方面的后顾之忧。三是社会福利。通过包括职业福利、商业保险、慈善事业、社会互助等。

18. 公民在法律面前一律平等的含义是什么？

公民在法律面前一律平等，是保证社会主义民主和法制实施的一条基本原则，是公民实现其各项权利的基础，也是公民平等参与社会生活的前提和条件。《宪法》第三十三条第二款规定：“中华人民共和国公民在法律面前一律平等。”

（1）所有公民都平等地享有宪法和法律规定的权利。这有两种情况：一是宪法和法律规定的权利适用于全体公民，全体公民都依据同样的条件享有这些权利；二是宪法和法律规定的权利只适用于特定范围的公民，在这一特定的范围内的公民都平等地享有这些权利。

（2）所有公民都平等地履行宪法和法律规定的义务。这也有两种情况：一是宪法和法律规定的义务适用于全体公民，任何人都必须履行；二是某些义务只适用于特定的人群。

（3）国家司法机关和行政机关在适用法律时，对所有公民的合法权益都平等地予以保护，对所有公民违法和犯罪的行为，都平等地追究法律责任。

（4）任何公民个人或者组织都不得享有超越宪法和法律的特权。

19. 什么是公民的权利和义务？

公民的权利是指公民在宪法和法律规定的范围内，可以作某种行为，以及要求国家或者其他公民或者组织作某种行为或者不作某种行为的资格。

公民的义务是指依据宪法和法律的规定，公民必须作某种行为或者不作某种行为的责任。

公民享有宪法和法律规定的权利，同时必须履行宪法和法律规定的义务，这有利于正确认识和处理权利和义务之间的关系。任何公民都不能只享受权利，而不承担义务，也不能只承担义务，而不享受权利。

20. 什么是公民的选举权和被选举权？

所谓选举权是指公民按照自己的意愿，依照法律规定的程序，选举产生各级权力机关的组成人员和选举产生依法应当通过选举方式产生的其他国家公职人员的权利。所谓被选举权是指公民有依照法律规定被选举成为各级人大代表和依法应当通过选举方式产生的其他国家公职人员的权利。《宪法》第三十四条规定："中华人民共和国年满十八周岁的公民，不分民族、种族、性别、职业、家庭出身、宗教信仰、教育程度、财产状况、居住期限，都有选举权和被选举权；但是依照法律被剥夺政治权利的人除外。"依据《选举法》规定：公民的选举权和被选举权涉及范围包括三个方面：一是直接选举产生或者被选举成为县乡两级人大代表的权利；二是间接选举产生或者被选举成为设区的市、自治州以上各级人大代表的权利；三是通过人民代表大会选举或者被选举成为国家公职人员的权利。

21. 什么是公民的言论、出版、集会、结社、游行、示威的自由权？

言论、出版、集会、结社、游行、示威自由是公民的重要政治权利，又称为表达自由。《宪法》第三十五条规定了公民的这项政治自由。

（1）言论自由是指公民依据宪法享有的通过语言方式表达自己的思想见解或者其他意思的自由，其主要特点是：第一，在同一环境中，对同一事件，每个人都有平等的发言权，如果在发言中有特权存在，就意味着没有言论自由。第二，公民发表的言论内容，只要不超出法律范围，就不受任何非法干涉。

（2）出版自由是指公民享有宪法赋予的通过各种出版物表达各种思想见解以及其他意思的自由。出版自由的内容是公民通过在出版物上发表作品或者出版机构出版著作，直接表达思想。

（3）集会自由是指公民为了某一目的，依照法律规定的程序，集合在露天场所发表意见、表达意愿的自由。结社自由是指公民为了某一共同目的，依照法律规定的程序结成某种社会团体，进行社会团体活动的自由。

（4）结社自由是民主社会促进人与人之间的沟通与交流

所必需的，也是公民发表意见，行使当家作主权利的重要途径。结社可以分为以营利为目的的结社和非以营利为目的的结社。不以营利为目的的结社分为政治结社和非政治结社。政治结社主要是组织政党和其他各类政治团体；非政治结社包括各种学术团体、慈善团体、宗教团体等。为了保证公民的结社自由，维护社会团体的合法权益，加强对社会团体的登记管理，国务院制定了专门的行政法规《社会团体登记管理条例》。根据这个条例的规定，社会团体是指中国公民自愿组成，为实现会员共同意愿，按照其章程开展活动的非营利性社会组织。社会团体应当具备法人条件。成立社会团体，应当经其业务主管单位审查同意并进行登记，社会团体接受登记机关和业务主管单位的双重监督管理。实践中，社会团体的登记单位是人民政府的民政部门。集会自由与结社自由的主要区别是，前者是不特定的多数人在一定的场所聚集并短时间地讨论问题的自由，而后者是相对确定的多数人为了共同的意愿和目的而结成团体较长时间地进行活动的自由。

（5）游行、示威自由是指公民依照法律规定的程序在露天公共场所或者公共道路上以集会、游行、静坐等方式，表达要求、抗议或者支持声援等共同意愿的自由。

22. 什么是公民的宗教信仰自由权？

《宪法》第三十六条规定了公民有宗教信仰自由的权利。这一自由主要包括以下几个方面：

（1）每个公民都有按照自己的意愿信仰宗教的自由，也有不信仰宗教的自由。

（2）每个公民有信仰这种宗教的自由，也有信仰那种宗教的自由。

（3）在同一宗教里，每个公民有信仰这个教派的自由，也有信仰那个教派的自由。

（4）每个公民有过去信教现在不信教的自由，也有过去不信教现在信教的自由。

（5）每个公民有按宗教信仰参加宗教仪式的自由，也有不参加宗教仪式的自由。

《宪法》明确规定：任何国家机关、社会组织和个人不得强制公民信仰宗教或者不信仰宗教，不得歧视信仰宗教的公民和不信仰宗教的公民。国家保护正常的宗教活动。任何人不得利用宗教进行破坏社会秩序、损害公民身体健康、妨碍国家教育制度的活动。

23. 什么是公民的人身自由权?

人身自由是公民的一项十分重要的权利和自由，是公民行使其他一切权利和自由的前提和基础。《宪法》第三十七条规定："中华人民共和国公民的人身自由不受侵犯。"在这里，公民的人身自由是狭义的人身自由，又称身体自由，是指公民的人身不受非法逮捕、拘禁、搜查以及不得非法剥夺和限制公民的人身自由。《宪法》对公民人身自由的保护包括三个方面：

（1）对公民实施逮捕必须经过法定的机关和程序。任何公民，非经人民检察院批准或者决定或者人民法院决定，并由公安机关执行，不受逮捕。

（2）对公民人身自由的剥夺和限制必须依法进行，即必须依照法定的条件和程序进行。禁止非法拘禁和以其他方法非法剥夺或者限制公民的人身自由。

（3）对公民身体的搜查，也必须经过法定的机关和程序。禁止非法搜查公民的身体。

24. 什么是公民的人格尊严不受侵犯权？

《宪法》第三十八条规定："中华人民共和国公民的人格尊严不受侵犯。禁止用任何方法对公民进行侮辱、诽谤和诬告陷害。"

人格尊严不受侵犯就是指公民的人格权不受侵犯。人格权是法律上作为权利和义务主体的人的资格，也是做人起码资格，包括公民的生命权、健康权、身体权、姓名权、肖像权、名誉权、荣誉权、隐私权等。所谓"尊严"，是指人的自尊心不受伤害、个人价值不被贬低的权利。人格尊严不受侵犯，是做人的一个基本条件，也是社会文明进步的一个基本标志。

侮辱、诽谤和诬告陷害都是侵犯公民人格尊严的行为，为宪法和法律所禁止。除了《民法总则》对这些侵权行为规定了有关民事责任外，我国《刑法》还分别规定了侮辱罪、诽谤罪和诬告陷害罪，规定了实施这些侵权行为所应当承担的刑事法律责任。所谓“侮辱”是指使用暴力或者其他方法，公然贬低他人人格、损害他人名誉的行为。“公然”是指在公开场合或者在其他使众多人知道的情况下对他人进行侮辱。所谓“诽谤”是指故意捏造并散布虚假事实，无中生有，损害他人人格尊严的行为。所谓“诬告陷害”是指为对某一公民达到陷害目的，通过捏造虚假事实，以口头的、书面的、署名的或者匿名的等方式，向有关机关或者单位作虚假告发的行为。任何人从事上述行为构成违法犯罪的，都要依法承担相应的法律责任。

25. 公民的住宅权不受侵犯包括哪些内容?

公民的住宅权是指住宅权利，又称为适宜或充分住房权，是指公民有权获得可负担得起的适宜于人类居住的，有良好的物质设备和基础服务设施，具有安全、健康和尊严，并不受歧视的住房权利。公民住宅权是公民生活中最重要的权利之一。

为保证公民的住宅权不受侵犯，《宪法》第三十九条规定了禁止非法搜查或者非法侵入公民的住宅。包括：

（1）对公民住宅的搜查必须依据法律规定的条件和程序，任何行政法规或者地方性法规都不得对搜查公民住宅的条件和程序作出规定。

（2）禁止非法搜查公民的住宅，主要是对公共权力而言的。对公民的住宅进行搜查是一项重要的刑事侦查方法。《刑事诉讼法》规定了对公民的住宅进行搜查的条件，即“为了搜集犯罪证据、查获犯罪人，侦查人员可以对犯罪嫌疑人以及可能隐藏罪犯或者犯罪证据的人的身体、物品、住处和其他有关的地方进行搜查”。《刑事诉讼法》还规定了对公民的住宅进行搜查的程序。对公民的住宅进行搜查，必须向被搜查人出示搜查证；在搜查的时候，应当有被搜查人或者他的家属、邻居或者其他见证人在场；搜查的情况应当写成笔录，由侦查人员和被搜查人或者他的家属、邻居或者其他见证人签名、盖章。

（3）禁止非法侵入他人住宅。所谓非法侵入他人住宅，是指非司法机关工作人员未依据法律规定就擅自进入他人住宅，或者未经主人同意而侵入他人住宅的行为。我国《刑法》将非法侵入他人住宅的行为作为犯罪予以规定，并规定了相应的刑事处罚。

26. 什么是公民的通信自由和通信秘密权？

《宪法》第四十条规定了公民的通信自由和通信秘密受法律保护。通信自由是指公民通过书信、电话、电报、传真、电子邮件等方式，自主地与他人进行交往的自由。通信秘密是指公民与他人进行交往的信件、电话、电报、电子邮件等所涉及的内容，任何个人、任何组织或者单位都无权非法干预，无权偷看、隐匿、涂改、弃毁、扣押、没收、泄露或者窃听。

通信自由和通信秘密相互联系，不可分割，通常又称为秘密通讯的自由。只有通信自由权，但通信秘密得不到保护，则通信自由权也不能实现。如果只有通信秘密权，但通信自由得不到保护，则通信秘密也没有意义。因此，除国家法律授权的机关享有一定的限制公民的通信自由和通信秘密的权力外，公民的通信自由和通信秘密是不允许随意侵犯的。

27. 什么是公民的监督权？

在国家机构及其工作人员行使权力的过程中，人民必须通过各种途径和形式对他们实行监督，以保证各级国家机关及其工作人员全心全意为人民服务。《宪法》第四十一条规定了公民有提出批评和建议，提出申诉、控告或者检举的权利。这是对国家机关及其工作人员的重要的监督权利。公民行使这项权利的对象是国家机关和国家工作人员，国家机关是指国家的各级权力机关、行政机关、审判机关、检察机关及其所属部门；所规定的国家工作人员，是指上述国家机关的领导人员和普通工作人员。

（1）批评权是指公民对国家机关及其工作人员在工作中的缺点和错误，提出批评意见的权利。

（2）建议权是指公民为帮助国家机关及其工作人员改进工作，对国家机关及其工作人员的各项工作，提出意见和建议的权利。

（3）控告权是指公民向有关国家机关指控或者告发某些国家机关及其工作人员各种违法失职行为的权利。

（4）申诉权是指公民对本人及其亲属所受到的有关处罚或者处分不服，或者受到不公正的待遇，向有关国家机关陈述理由、提出要求的权利。

（5）检举权是指公民对国家机关及其工作人员违法失职行为向有关国家机关予以揭发的权利。

（6）信访是指公民、法人或者其他组织采用书信、电子邮件、传真、电话、走访等形式，向各级人民政府、县级以上人民政府工作部门反映情况，提出建议、意见或者投诉请求，依法由有关行政机关处理的活动。

公民上述权利受国家法律保护。对于公民的申诉、控告或者检举，有关国家机关必须查清事实，负责处理。任何人不得压制和打击报复。

28. 什么是公民的取得国家赔偿权？

《宪法》第四十一条第三款规定："由于国家机关和国家工作人员侵犯公民权利而受到损失的人，有依照法律规定取得赔偿的权利。"《民法总则》规定：国家机关或者国家工作人员在执行职务过程中，侵犯公民、法人的合法权益造成损害的，应当承担民事责任。《行政诉讼法》规定：公民、法人或者其他组织的合法权益受到行政机关或者行政机关工作人员作出的具体行政行为侵犯造成损害的，有权请求赔偿。《国家赔偿法》是我国保护公民合法权益的一部重要法律，规定了国家机关和国家工作人员违法行使职权，侵犯公民合法权益的国家赔偿责任。2010 年4 月29 日，十一届全国人大常委会第十四次会议表决通过了《关于修改〈中华人民共和国国家赔偿法〉的决定》，进一步明确了赔偿范围、赔偿标准，完善了赔偿程序，并对“精神损害抚慰金”作了明确规定。

29. 什么是公民的劳动权？

劳动权是指有劳动能力的公民有获得社会工作的资格。它包括三部分内容：一是公民有按照自己的劳动能力获得劳动的机会；二是公民在劳动中有获得适当劳动条件的权利；三是公民享有根据劳动的数量和质量取得劳动报酬和其他劳动所得的权利。劳动权是公民的一项基本权利，也是公民实现自身价值的最重要的途径。生产资料的社会主义公有制为劳动者和生产资料的结合提供了可能，因此，在社会主义条件下，国家和社会应当为劳动者提供和创造就业机会，努力保证每个有劳动能力的人都能获得劳动机会，创造适当的劳动条件，取得应得的劳动报酬。国家应当积极为公民劳动权利的实现创造条件、做好服务。根据《宪法》第四十二条的规定：第一，国家通过各种途径，创造劳动就业条件，广开就业门路，扩大就业范围；第二，国家加强劳动保护，改善劳动条件，加强和改善为劳动者在劳动过程中的安全和健康而采取的各种劳动保险和安全措施；第三，国家对就业前的公民进行必要的劳动就业训练，以保障其就业时能掌握初步的劳动技能；第四，国家在发展生产的基础上，提高劳动报酬和福利待遇，最终使生产满足人民群众日益增长的物质和文化生活的需要。

30. 什么是劳动者的休息权？

《宪法》第四十三条规定了劳动者的休息权利。劳动者的休息权是指为了提高劳动效率，保障劳动者的生活和健康，法律规定了劳动者所享有的休息和休假的权利。它是通过国家规定的工作时间和休假制度予以实现的。工作时间是指劳动者根据国家和企业事业单位的规定，从事劳动的时间。休假是指劳动者根据国家和企业事业单位的规定，所享有的暂离工作岗位保留工资进行休息和休假的制度。根据《劳动法》的规定：国家实行劳动者每日工作时间不超过八小时、平均每周工作时间不超过四十小时的工时制度；用人单位应当保证劳动者每周至少休息一日；用人单位在元旦、春节、国际劳动节、国庆节以及法律、法规规定的其他节假日，应当依法安排劳动者休假；国家实行带薪年休假制度，劳动者连续工作一年以上的，享受带薪年休假。

除了规定劳动者的工作时间和休假制度以外，《宪法》还规定，国家发展劳动者休息和休养的设施。这主要是指国家根据劳动者享受休息权的需要，在生产发展和国民经济发展的基础上，不断扩大和改善用于劳动者休息和休养的物质条件。

31. 什么是退休人员的生活保障权?

《宪法》第四十四条规定："国家依照法律规定实行企业事业组织的职工和国家机关工作人员的退休制度。退休人员的生活受到国家和社会的保障。"

退休是指企业事业单位的职工和国家机关工作人员达到一定年龄时，退出原来的生产和工作岗位，并按照规定领取一定的退休金。我国实行的退休制度包括以下内容：第一，实行国家退休制度的对象是指企业事业组织的职工以及国家机关的工作人员。第二，国家和社会保障退休人员的生活。第三，有关退休制度的具体事项由国家法律予以规定。目前，我国已经制定了《社会保险法》等一系列法律法规，对职工和国家工作人员的退休年龄、退休条件以及退休后的工资待遇作出具体规定。

32. 什么是公民的物质帮助权?

物质帮助权，是公民因特定原因不能通过其他正当途径获得必要的物质生活手段时，从国家和社会获得生活保障、享受社会福利的一种权利。我国《宪法》第四十五条规定："中华人民共和国公民在年老、疾病或者丧失劳动能力的情况下，有从国家和社会获得物质帮助的权利。""国家和社会保障残废军人的生活，抚恤烈士家属，优待军人家属。""国家和社会帮助安排盲、聋、哑和其他有残疾的公民的劳动、生活和教育。"为此，国家大力发展以下三项事业：

（1）发展社会保险事业。社会保险是通过保险方式为公民在年老、患病、丧失劳动能力等情况下提供各种帮助措施。目前，我国的社会保险主要包括养老保险、医疗保险、工伤保险、失业保险、生育保险等。

（2）发展社会救济事业。社会救济包括对既无人供养又丧失劳动能力的人的救济，也包括对因自然灾害或者其他不幸事故而受到灾难者的救济。

（3）发展医疗卫生事业。通过加快卫生事业改革发展，形成覆盖城乡的医疗卫生服务体系，不断增强疾病防治能力，逐步扩大医疗保障覆盖人口，使人民群众健康水平显著提高。

33. 什么是公民的受教育权？

受教育既是公民的一项权利，又是公民的一项义务。《宪法》第四十六条规定："中华人民共和国公民有受教育的权利和义务。"公民的受教育权，是指公民有从国家获得接受教育的机会以及接受教育的物质帮助的权利。在我国，公民达到一定年龄并具备可以接受教育的智力时，有进各种学校或通过其他教育设施和途径学习科学文化知识的权利。同时由于教育事关国家发展的百年大计，所以国家会将接受教育作为公民的一项义务予以要求。目前，我国的教育法律和法规确定了九年制义务教育，即学龄儿童、少年，必须完成九年制的义务教育。

34. 什么是公民进行科学研究、文学艺术和其他文化活动的自由？

《宪法》第四十七条规定："中华人民共和国公民有进行科学研究、文学艺术创作和其他文化活动的自由。"《宪法》赋予公民可以从事科学研究、文学艺术创作和其他文化活动，这是公民在科学文化领域中的一项基本自由和权利。进行科学研究、发展科学事业是国家现代化建设的需要，大力发展科学技术，充分保证公民进行科学研究，对国家建设、发展起着关键而重要的作用。公民进行文学艺术创作和其他文化活动，对于繁荣国家的文艺事业、丰富人民群众的生活，提高全体公民的素质，具有十分重要的作用。国家保障公民的这项权利，对于实现社会主义现代化和发扬社会主义民主，也有着直接的密切的关系。在我们国家，任何公民在法律允许的范围内都可以自由地进行科学研究、文学艺术创作和其他文化活动，受群众欢迎的文学和影视作品层出不穷，科学技术也得到了极大的发展。为了保证公民上述自由权利的实现，《宪法》还规定了国家对于从事科学、教育、文学、艺术、技术和其他文化事业的公民的有益于人民的创造性工作，给予帮助和鼓励，为其提供物质保障。另外，国家还颁布通过了学位条例、自然技术奖励条例、职称评定暂行规定等一些法律、法规，为公民进行科学研究、文学艺术创作和其他文化活动提供了可靠的法律保证。当然任何公民在行使这项权利和自由时，不应借口创作自由而损害国家、社会和其他公民的合法权益。比如，公民在进行文学创作时，不能以真人真事的形式对其他公民进行名誉上的污蔑和诋毁，否则也要承担相应的法律责任。

35. 什么是妇女的平等权?

《宪法》第四十八条规定："中华人民共和国妇女在政治的、经济的、文化的、社会的和家庭的生活等各方面享有同男子平等的权利。""国家保护妇女的权利和利益，实行男女同工同酬，培养和选拔妇女干部。"这一规定包括以下内容：

（1）妇女在政治方面享有与男子平等的权利，即妇女在参与国家政治生活方面与男子平等，平等地享有选举权与被选举权，平等地参与国家管理，平等地担任国家和社会职务，平等地享有荣誉称号。

（2）妇女在经济方面享有与男子平等的权利，即妇女与男子一样，享有参加劳动的权利，按劳取酬的权利，休息的权利以及享受社会保险的权利。

（3）妇女在文化方面享有与男子平等的权利，即妇女与男子一样，享有受教育的权利，享有从事科学研究、文学艺术创作和其他文化活动的自由。

（4）妇女在社会和家庭生活方面享有与男子平等的权利，即妇女和男子一样可以参加各种社会活动，在婚姻关系、家庭关系、继承关系等方面都同男子享有平等的权利。

国家对妇女权益的保护方针有三个方面：

（1）国家保护妇女的权利和利益，即妇女依法享有的各项权利和利益，都受到宪法和法律的保护，任何个人和组织都不得侵犯。

（2）国家实行男女同工同酬，即如果妇女与男子从事同一种工作，技术水平、熟练程度与男子相同，就应当获得与男子相同的报酬。

（3）国家培养和选拔妇女干部，即国家在挑选干部人选时要注意妇女干部的配备，大胆使用和提拔经过实践证明有能力、群众信得过的、德才兼备的妇女干部，提高妇女在国家和社会生活中的地位。

36. 婚姻、家庭、母亲和儿童受哪些法律的保护？

婚姻是指根据我国《婚姻法》的规定：男女两性符合结婚条件，自愿结合，经婚姻登记机关登记批准而结成的夫妻关系，是为法律所承认和保护的社会关系。家庭是以婚姻和血缘关系为基础而结成的共同生活的组织。家庭以一夫一妻制为基础，主要包括父母、子女等成员。法律保护家庭是指法律保护家庭成员的身份关系，以及由身份关系而产生的各种权利和义务关系，包括财产关系、继承关系、抚养关系等。目前，我国已制定了婚姻法、继承法、收养法、母婴保健法、妇女权益保障法、未成年人保护法等法律，对婚姻、家庭的各项关系以及母亲和儿童的权利作出了具体规定。

37. 如何理解计划生育政策与全面开放二孩政策的关系？

计划生育是指有计划地调整人口增长率，以适应经济发展和自然环境的政策。计划生育是我国的一项基本国策，《宪法》第四十九条第二款规定：“夫妻双方有实行计划生育的义务。”随着社会的发展，我国的生育政策也发生了一定的变化，国家放宽了生育条件。2015 年 12 月 27 日，第十二届全国人民代表大会常务委员会第十八次会议通过了《关于修改〈中华人民共和国人口与计划生育法〉的决定》，提倡一对夫妻生育两个子女。夫妻双方户籍所在地的省、自治区、直辖市之间关于生育子女的规定不一致的，按照有利于当事人的原则适用。国家坚持计划生育的基本国策，坚持人口生育的总量控制、质素提高、人口结构优化、分布合理。

全面放开二孩生育，是从当前我国的国情出发，有利于优化人口结构，增加劳动力供给，减缓人口老龄化压力；有利于提高家庭抗风险能力，增加未来劳动力的供给和缓解老年扶养负担；有利于扩大国内需求和经济平稳增长，焕发社会活力和增强创新能力，提升我国的国际竞争力。

38. 家庭成员之间应尽何种义务？

《宪法》第四十九条第三款、第四款规定了家庭成员的主要义务：

（1）父母有抚养教育未成年子女的义务。“抚养”即抚助养育，是指父母为子女提供基本的生活保障，照顾子女的身心健康，并保护他们的权利和利益。“教育”是指家庭教育，即父母在家庭中有责任对子女进行德、智、体方面的基本教育。“未成年子女”是指未满十八周岁的子女。

（2）成年子女有赡养扶助父母的义务。“赡养扶助”是指成年子女对无劳动能力或者有劳动能力但生活困难的父母，提供基本的生活条件，照顾他们的生活的责任。

（3）禁止破坏婚姻自由。“婚姻自由”是指婚姻当事人有权依照法律的规定决定自己的婚姻问题，不受其他任何人、任何组织的强制和干涉。婚姻自由包括结婚的自由，也包括离婚的自由。

（4）禁止虐待老人、妇女和儿童。“虐待”是指在生活上、身体上、精神上对老人、妇女和儿童进行摧残和迫害的行为。根据我国《刑法》的规定，破坏婚姻自由以及虐待老人、妇女和儿童，情节恶劣，构成犯罪的，承担相应的刑事责任。

39. 华侨、归侨和侨眷的合法权益受不受保护？

华侨是指居住在外国的中国公民。归侨是指已经回到祖国定居的华侨。侨眷是指华侨、归侨在国内的亲属，包括华侨、归侨的配偶、父母、子女及其配偶、兄弟姐妹、祖父母、外祖父母、孙子女、外孙子女，以及同华侨、归侨有长期扶养关系的其他亲属。

《宪法》第五十条规定：国家保护华侨的正当权利和利益，保护归侨和侨眷的合法的权利和利益。这体现了国家对广大侨胞的关怀。根据《宪法》的这一原则，国家制定了专门的《中华人民共和国归侨侨眷权益保护法》。按照“一视同仁，适当安排”的方针，对归侨和侨眷尽可能给予妥善安置，并对他们的合法权利和利益通过各种措施予以有效的保护。对于华侨的保护，一方面华侨要遵守所在国的法律，同所在国人民和睦相处，另一方面，根据国际上的惯例，国家维护华侨的正当权利和利益，反对强迫华侨改变国籍，反对歧视和迫害华侨，对于一切反华、排华、迫害华侨和损害华侨正当权利和利益的行为，国家通过外交途径予以保护。

40. 公民行使权利和自由需要注意什么问题？

任何公民的权利和自由只意味着公民可以做法律许可做的事情。权利必须依据法律的规定才能实现，同样，权利也只有依据法律行使，才受到国家的保护。超越法律的规定去行使权利和自由，就必然要破坏法律秩序，损害国家的、集体的和其他公民的合法权利和利益。因此，《宪法》第五十一条规定：公民在行使权利和自由的时候，不得损害国家的、社会的、集体的利益和其他公民的合法的自由和权利。任何损害国家的、社会的、集体的利益以及其他公民的合法权利和自由的行为，造成一定的危害后果，就要承担相应的法律责任。

41. 什么是公民维护国家统一和全国各民族团结的义务？

维护国家统一是公民的一项基本义务。国家的统一包括以下几个方面的内容：

（1）国家领土的统一。即国家的领陆、领水、领空是完整的统一体，属于中华人民共和国所有。中华人民共和国享有完整的所有权和管辖权，任何人不得破坏和分裂。

（2）国家政权的统一。即中华人民共和国中央人民政府是中国唯一合法的统辖全国的政府，任何人不得分裂国家政权，破坏国家政权的统一。

（3）国家主权的统一。即中华人民共和国享有独立自主地处理本国对内对外事务，不受外国或者其他势力干预的权力。任何人不得以任何方式破坏国家主权的统一，使国家主权从属于外国支配。

各民族团结互助，是各民族共同发展和繁荣的基本条件。各民族之间应当提倡互爱、互谅、互助。维护民族团结是指公民有责任维护民族之间的平等、团结、互助、和谐的关系。任何人不得以任何形式制造民族纠纷，破坏民族团结。

42. 公民为什么必须遵守宪法和法律？

宪法是保持国家统一、民族团结、经济发展、社会进步和长治久安的法制基础，是国家的根本法，具有最高的法律效力。全国各族人民、一切国家机关和武装力量、各政党和各社会团体、各企业事业组织，都必须以宪法为根本的活动准则，并且负有维护宪法尊严，保证宪法实施的职责。法律制定出来以后，公民有义务遵守法律。在中国特色社会主义法律体系中，法律是主干，行政法规和地方性法规是重要组成部分。因此，公民必须遵守的“法律”应当作广义的解释，不仅包括全国人大及其常委会制定的法律，还应包括国务院制定的行政法规和地方人大及其常委会制定的地方性法规。当然，法律和行政法规的适用范围是全国，所有公民都应当遵守。公民违反法律、行政法规和地方性法规，要根据具体情形追究民事、刑事、行政等法律责任。

43. 公民为什么必须尊重社会公德？

社会公德是要求一般人共同遵守的公共道德准则，包括遵守纪律、讲究礼貌、讲究卫生等。我国是社会主义国家，一贯强调精神文明建设，通过引导公民道德素质的提升，促进社会和谐和国家进步。需要注意的是，社会公德属于道德范畴，其发挥作用的方式不同于法律，并不是通过强制力来推行的，而是通过政府引导、社会倡导和公民自觉来实现的。因此，《宪法》强调，公民必须“尊重”社会公德。

党的十八大以来，倡导和践行社会公德成为社会主义核心价值观的重要内容，通过大力推进社会公德、职业道德、家庭美德和个人品德培育，形成知荣辱、讲正气、作奉献、促和谐的社会风尚，涌现出一大批全国道德模范以及最美教师、最美医生、最美司机等杰出代表，共同展示着时代新风和道德建设的硕果。

44. 公民保卫祖国和依法服兵役的义务有哪些内容?

国家的安全、领土完整和主权独立，关系到全体人民各项权利和自由能否实现，关系到改革开放和社会主义现代化建设能否顺利进行，关系到中华民族的生死存亡，因此，保卫祖国、抵抗侵略，是每一个公民义不容辞的光荣职责。《宪法》第五十五条规定了公民对祖国应尽的义务。

（1）“保卫祖国”是指保卫国家领土完整、主权独立、政权统一以及捍卫国家的尊严。

（2）“抵抗侵略”是指抵御抗拒外国及其他外来势力对我国领土的非法入侵。

（3）公民保卫祖国、抵抗侵略的直接方式就是服兵役和参加民兵组织。“服兵役”包括参加中国人民解放军和中国人民武装警察部队。“民兵组织”是指不脱离生产的群众武装组织，是中国人民解放军的助手和后备力量。服兵役、参加民兵组织是公民的一项光荣义务和神圣职责。目前，我国已制定了《国防法》《兵役法》《解放军现役军官法》《解放军现役士兵服役条例》《预备役军官法》《解放军军官军衔条例》《民兵工作条例》等一系列法律法规，对公民保卫祖国、抵抗侵略的神圣职责，以及依法服兵役、参加民兵组织的制度作出详细规定。

45. 什么是公民依法纳税的义务？

税收是国家为实现其职能，凭借政治权力，由税务机关按照法定比例向公民或者企业事业组织强制、无偿地征收货币和实物的行为。它的特点是具有强制性、无偿性和法定性。在我国，国家的一切权力归属于人民，人民通过选举产生各级国家政权机关，代替人民行使当家做主的权力。国家政权机关以及其他具有公共服务职能的机构，职责是为人民服务。为实现为人民服务的职能，需要适当数量的经费开支，因而需要建立税收制度，向公民征税。但我国税收的基本原则是取之于民，用之于民。公民向国家纳税，是实现人民民主专政的国家职能所必需的，是一项光荣的义务。所以《宪法》第五十六条规定："中华人民共和国公民有依照法律纳税的义务。"目前，我国已制定、修改了税收征管法、个人所得税法等法律，对我国公民的纳税义务作出具体的规定。

46. 我国有立法权的机关有哪些？

根据《宪法》和《立法法》的规定，有立法权的机关狭义上只有全国人大、全国人大常委会。广义上还包括地方人大、地方人大常委会（这里的地方是指省级人大、省级人大常委会、省级政府所在地的市以及国务院批准的较大的市的人大和常委会）、国务院、国务院各部委、国务院各直属机关等。

47. 全国人大代表有哪些权利和义务?

根据《宪法》和《全国人大组织法》规定，全国人大代表的权利有:

(1) 提出议案和建议、批评、意见的权利;

(2) 提出人事罢免案的权利;

(3) 提出质询案和进行询问的权利;

(4) 在全国人大召开的各种会议上的发言和表决不受追究;

(5) 在大会开会或闭会期间，非经许可，不受逮捕和刑事审判;

(6) 对围绕人大审议议题及有关内容，有视察的权利;

(7) 在出席全国人大会议和执行其他属于代表职务的时候，国家和社会应根据实际需要为代表提供保障。

全国人大代表的义务有:

(1) 必须模范地遵守宪法和法律，认真行使职权，保守国家秘密，并且在自己参加的生产、工作和社会活动中，协助宪法和法律的实施;

(2) 同原选举单位和人民群众保持密切的联系，听取和反映人民的意见和要求，努力为人民服务。

48. 宪法为什么要增设监察机关?

在2018年《宪法》修改前，“一府两院”是宪法确立的国家机关形式。“一府”是指人民政府，“两院”是指人民法院、人民检察院。国家行政机关、审判机关、检察机关都由作为国家权力机关的人民代表大会产生，对它负责，受它监督。国家机构按照民主集中制原则活动。

2018年3月11日，随着《宪法修正案》在第十三届全国人大一次会议上审议通过，监察委员会作为国家机构的宪法地位正式确立。《宪法》第一百二十三条规定：“中华人民共和国各级监察委员会是国家的监察机关”，明确了监察委员会的性质和地位，这是党中央审时度势作出的重大战略决策，是推进国家治理体系和治理能力现代化的创新之举，彰显了监察委员会在国家治理体系中的重要作用，必将为加强党对反腐败工作的统一领导，建立集中统一、权威高效的国家监察体系，奠定坚实宪法基础产生重大深远影响。

至此，我国国家机关形式变为“一府一委两院”。国家监察委员会由全国人民代表大会产生，负责全国监察工作；国家监察委员会由主任、副主任若干人、委员若干人组成，主任由全国人民代表大会选举。国家监察委员会主任每届任期同全国人民代表大会每届任期相同，连续任职不得超过两届。